FUNKY
DE AHORA EN ADELANTE

La misión de Editorial Vida es ser la compañía líder en comunicación cristiana que satisfaga las necesidades de las personas, con recursos cuyo contenido glorifique al Señor Jesucristo y promueva principios bíblicos.

DE AHORA EN ADELANTE
Edición en español publicada por
Editorial Vida – 2012
Miami, Florida

© 2012 por Funky

Edición: *Gisela Sawin*
Diseño interior: *Juan Shimabukuro Design*

RESERVADOS TODOS LOS DERECHOS. A MENOS QUE SE INDIQUE LO CONTRARIO, EL TEXTO BÍBLICO SE TOMÓ DE LA SANTA BIBLIA NUEVA VERSIÓN INTERNACIONAL. © 1999 POR BÍBLICA INTERNACIONAL.

ISBN: 978-08297-5989-1

CATEGORIA: JUVENIL NO FICCIÓN/Biografía y Autobiografía

AGRADECIMIENTOS

Quiero agradecer a Dios por el privilegio que me da de hacer lo que hago. Sé que no merezco nada de lo que tengo. Le doy gracias por ser tan paciente conmigo y por dejarse sentir cuando más lo he necesitado.

Al pastor Roberto Candelario, mi pastor, mi amigo y de quien he aprendido lo importante y valiosa que es la familia. Doy Gracias a Dios por la pastora Awilda, su esposa, y agradezco que los dos sean tan accesibles para mí, por sacar de su tiempo para ser mis mentores en medio de tantos viajes.

A mi esposa Wanda, mi compañera, amiga, manager, doctora, enfermera, abogada...

A mis hijos, Luis, Jorge, Edwin, Karla y Dariana. Por ser tan comprensivos conmigo y con el llamado de Dios a mi vida. Ustedes son parte de esto y siempre me lo demuestran. Dios tiene muchas cosas reservadas para ustedes.

A mis padres, por sus consejos y por ser firmes conmigo cuando lo necesité. Mami gracias por dejarte usar.

A mi amigo Luis Lozada (Vico C): «Te has dejado usar por Dios durante todos estos años. Tú, Sonia y tus hijos son muy valiosos para mí».

A mi amigo Freedom. Gracias por sembrar la semilla en mí. Esa semilla fue determinante para mi decisión. Eres y seguirás siendo mi negrito.

A todos los que me han apoyado durante estos 10 años en la música. Espero que con este libro puedan conocer mejor la historia detrás de la música. De igual manera, mi deseo es poder ser de bendición para tu vida y que el contenido de estas páginas te motiven a tomar mejores decisiones en la vida.

A la familia Sáez-Poblete más que cualquier otra cosa su amistad ha sido una gran enseñanza para mi vida. Agradezco a Dios por cada pequeño detalle que he aprendido de ustedes y de sus hijos.

DEDICATORIA

Dedico este libro a Jesús por llegar a mi vida «JUSTO A TIEMPO». Sé que lo que soy «HOY» es gracias a ti. «SOLO TÚ» tienes el poder de cambiar los corazones quebrantados por «CORAZONES PUROS».

«TE NECESITO» cada día de mi vida, pues sé que «ESTO NO FUNCIONA» si no estoy conectado a ti. «AYÚDAME» a seguir corriendo contigo «YO SÉ QUE GANARÉ».

Tú me has dado más de lo nunca pensé tener. «NO TE CAMBIO» por nada en la vida. Quiero «QUE SIGA LA FIESTA» en mi corazón, por eso «NO VUELVO PA'TRÁS". Tú has sido «MI RESPALDO» en todo momento. Eres «MI MAESTRO», «EL QUE NUNCA FALLA».

Mi familia era una «ESPECIE EN PELIGRO» pero tú metiste tu mano e hiciste un milagro. «DESPUÉS DE LA CAÍDA» fuiste tú quien me levantó y me restauró por eso «DE LO MÁS PROFUNDO» «QUIERO DARTE GRACIAS».

CONTENIDO

Agradecimiento 5
Dedicatoria 7
Prólogo 11
Introducción 15
01. Tranquilo, Funky estaba preparándose 19
02. Nació un niño, elegido para ser un mensajero ... 31
03. Una esposa que me ama 39
04. Una adolescencia apresurada 45
05. He peleado mil batallas 53
06. Cambio de rumbo 59
07. Todo sale a la luz 65
08. Lo que veo se escucha muy fuerte 71
09. Recuperar lo perdido 79
10. El verdadero camino 85
11. El poder del perdón 91
12. ¡Tengo tanto que aprender! 99
13. Justo a Tiempo 107
14. Inicios de mi carrera 113
15. Premios y más canciones 123
16. Amigos usados por Dios 129
17. La ropa y el status social 137
18. Antes de nacer 145
19. Mi vida, mi historia 153

Anexos
Ella quiere que la miren 163
¿Por qué el reggaetón? 167
La decisión de tatuarte 169

Mi familia
Mi hijo Luis _____ 175
Mi hijo Jorge _____ 179
Mi hijo Edwin _____ 181
Mi hija Karla _____ 183
Mi hija Dariana _____ 185
Wanda mi amor _____ 189
Mis padres _____ 193
Mis hermanos _____ 195
Si eres como yo… A Luis de 16 años _____ 199

FUNKY DE AHORA EN ADELANTE

¿Qué está pasando?

prólogo

Me gusta · Comentar · Compartir

Funky siempre me ha caído bien. Desde la primera vez que lo conocí me pareció ser una persona apasionada y llena de energía. Al poco tiempo de conocerlo me di cuenta que posee un gran sentido del humor y que no solamente se ríe con mucha facilidad sino que también nos hace reír a todos los que estamos a su lado. Podría decirse que donde él se encuentre, ahí habrá fiesta.

Funky se mantiene con una fuerte singularidad de propósito y claridad en su visión. Es un trabajador incansable y su nivel de energía pondría en vergüenza a ese conejito famoso que sale en los comerciales de televisión que anuncia las pilas. Tiene tremenda pila, no tan solo arriba del escenario, sino en su vida personal y familiar también. ¡Es incansable este hombre!

Llevo muchos años conociéndolo y observando su crecimiento tanto personal como ministerial y puedo decir con certeza que lo admiro y respeto como músico, Salmista y profeta musical. Además, he tenido el gusto de estar dos o tres veces en presencia de su familia entera y ver cómo trata a sus hijos y esposa. Se nota que entre ellos como familia existe el cariño mutuo, aprecio y respeto. Uno podría hacer el análisis de que la relación que goza con su familia es una relación real, no ficticia.

Sin embargo, nada de lo que conocía de Funky y lo que he comprobado de él a través de los años me prepararía para leer estas páginas que usted tiene ahora mismo en sus manos. Su historia es realmente conmovedora. A través de este libro, Funky nos ha permitido entrar en un mundo de absoluta intimidad donde nos relata, con una franqueza y transparencia sorprendente, sus tropiezos y desaciertos, al igual que los golpes y sinsabores que la vida le trajo desde muy temprana edad.

Uno se encuentra dando vueltas rápidamente a estas hojas con gran anticipación para saber cómo salió de este aprieto o aquel apuro. De igual manera, nos da el honor de conocer algunos de sus triunfos y de cómo Dios tomó a este puertorriqueño inquieto, lleno de imposibilidades, y lo convirtió en un gran hombre de Dios. **Sin duda alguna, Funky es un ejemplo vivo de cómo la gracia de Dios toma lo que el enemigo quiso para mal y lo convierte en algo glorioso.**

Les hago una confesión: Este libro me hizo reír y gozar pero también me hizo llorar. Lloré de alegría por los grandes momentos que Funky ha vivido y por las grandes victorias que ha logrado experimentar. Sin embargo, también lloré por sentir el dolor profundo que tuvieron que pasar Funky y su familia para que el Fuego Purificador de Dios los preparara para el ministerio que hoy gozan.

Al terminar de leer este libro, pude entender con más claridad muchas cosas acerca de Funky: Entendí la razón de su entrega absoluta a su llamado. Comprendí el origen de por qué se ríe tanto y usa con frecuencia el buen humor. También pude entender que, en efecto, Dios lo ha tomado de su mano poderosa y le ha derramado una unción singular que se manifiesta a través de ser una de las principales voces proféticas a su generación. Me siento honrado en tener su amistad y de llamarlo un colaborador mío en la tarea de edificar el Reino de mi Señor Jesucristo.

Marcos Witt

FUNKY DE AHORA EN ADELANTE

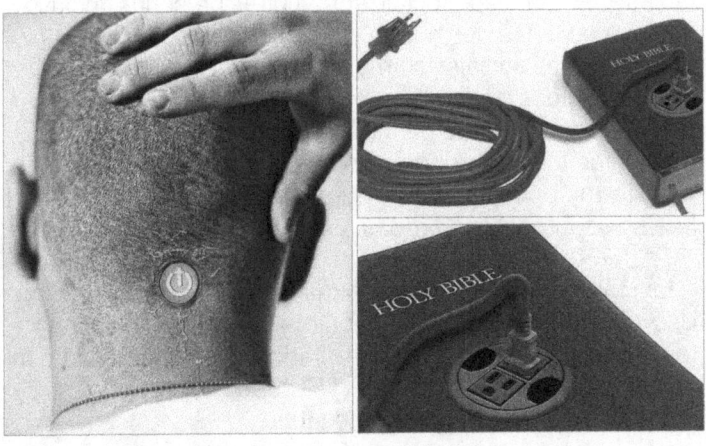

¿Qué está pasando?

intro

Me gusta · Comentar · Compartir

«Puedo tener mis amigos en Facebook.
Puedo tener MySpace y vídeos en YouTube.
Puedo tener amigos que me sigan por el Twitter
Pero si me están siguiendo tengo que ser un buen líder.

Tú puedes tener tus amigos en Facebook
Puedes tener MySpace y vídeos en YouTube.

Pero mantente alerta socio (amigo) y no te olvides
Que hay que conectarse con Él
No te descuides

//Esto no funciona socio si no me conecto//»

«Si no me conecto»
[álbum: reset]
@FunkyPR

Estar conectados es una de las necesidades más importantes y es vital para socializar con otras personas, incluso de otras latitudes del mundo. Hace algún tiempo conectado a las redes sociales se me ocurrió: «Esta noche voy a saludar a todos mis amigos de los diferentes países y tomar tiempo especialmente para conversar con ellos». La respuesta fue tal que las horas comenzaron a pasar y como el entusiasmo permanecía finalmente terminé desvelándome. Fue una sobredosis de redes sociales.

Esa misma madrugada mientras mi esposa dormía, en mi desvelo volví a entonar por lo bajo: «A mí me gusta conectarme con la gente pero es más importante conectarme con la fuente». Puse esta frase en el Facebook y alguien me respondió con verso que continuaba:

«Puedo tener mis amigos en Facebook. Puedo tener MySpace y vídeos en YouTube. Puedo tener amigos que me sigan por el Twitter. Pero si me están siguiendo tengo que ser un buen líder».

Así muchos continuaron cantando vía Facebook esta canción sin música. Esto suele pasarme muchas veces cuando me despierto por la mañana tarareando algunas palabras y pongo un par de líneas en la red, rápidamente mis amigos alrededor del mundo siguen cantando la siguiente línea y así, cantamos juntos toda la canción.

Aunque soy un gran fan de las redes sociales y asumo la importancia de estar conectados, también tengo la necesidad de explicarte a ti, mi amigo, mi gente, que tiene que haber un límite a este maravilloso recurso tecnológico social, de lo contrario, lo maravilloso de la conexión se vuelve una trampa.

Aquella noche de entusiasmo donde permanecí conectado por tantas horas y conversando con mis amigos, perdí mi tiempo de descanso, tan importante para el día siguiente estar fresco para lo que debía hacer. Hay un equilibrio que debemos encontrar. Es necesario que nuestros amigos de

Me gusta · Comentar · Compartir

Facebook y aquellos que nos siguen en el Twitter vean el balance justo en nuestra vida para poder ser buenos líderes de quienes nos están siguiendo. Es necesario que alcancemos un balance entre la comunicación virtual y la comunicación real. En general, quien más corre peligro es la comunicación familiar.

Tengo cinco hijos adolescentes y cada uno de ellos está conectado siempre a través de sus celulares, Ipod, Ipad y todo elemento novedoso que es lanzado para cubrir este sistema. Pero en momentos especiales como reuniones o salidas familiares, les pido a mis hijos que no lleven sus celulares con ellos, porque necesitamos hablar como familia y comunicarnos directamente a través de nuestras palabras y expresiones. Comunicarse por las redes sociales y con la tecnología es muy bueno pero no hay nada mejor que comunicarnos con la familia y las personas que amamos cara a cara y mirándonos de frente.

En Estados Unidos es común observar en la mesas de los restaurantes, familias enteras reunidas alrededor de una mesa sin siquiera mirarse. Todos o casi todos están conectados a la red pendientes de los mensajes de texto. Personalmente creo y defiendo la comunicación como extremadamente importante en el vínculo de las relaciones.

Me encanta estar conectado con amigos de tantas ciudades del mundo, podamos comentarnos y acompañarnos, pero es importante que sepan que la vida me ha llevado por tantas situaciones en las que tuve que aprender a golpes y no de puño, sino de emociones al corazón, que las prioridades son otras, que lo verdadero es lo que te sostiene, que lo real es mucho más palpable que una computadora, un Ipad o un celular.
De eso quiero contarte en estas páginas…

Ven, acompáñame a recorrer las fotos de mi vida, la descripción de cada momento y los comentarios que cada imagen construyeron en mi pasado e influyeron en mi futuro.

Sígueme, te abro el álbum de mis días. Tendrás acceso directo a ver todo sin restricciones ni privacidad en mi cuenta de vida… **de ahora en adelante.**

Me gusta!
@FunkyPR

FUNKY DE AHORA EN ADELANTE

¿Qué está pasando?

tranquilo, Funky estaba preparándose

Me gusta · Comentar · Compartir

*«Regresa Funky reportándose.
Sé que hay muchos que han estado preguntándose
por el proyecto y porque seguía atrasándose.
¡Tranquilos Funky estaba preparándose!».*

¿Alguna vez has tratado de encender el televisor y luego de un rato descubres que simplemente no estaba conectado? Hay muchos que viven la vida de esa manera.

Fue un tiempo difícil... no me salía la letra ni de una sola canción. No me sentía inspirado. Sentía un vacío en mi interior, y sí, ¿por qué negarlo? me sentía solo. Durante todo ese tiempo de «sequía creativa», muchos me preguntaban por mi nuevo disco: «¿Qué pasa? ¿Por qué no sale el nuevo material? ¿Por qué te tardas tanto?». Y mi respuesta era siempre la misma: «Es que estoy preparando algo especial».

Pero un día me resistí a continuar así. Me di cuenta que ya no me comunicaba con Dios como antes y comencé a orar, esta vez no por cumplir con mi deber como cristiano, sino porque realmente necesitaba hablar con Dios. Cuando me encerré en aquella habitación y reconocí mi falta de conexión, comencé a sentir algo diferente que inundaba mi ser. Era necesario volver a conectarme. Necesitaba «reconectarme». Así fue que volví a sentir «El Flow» (fluir) de Dios en mí, fue como un río que traía nuevas canciones.

Por distintas actividades poco a poco había dejado de hablar con Dios al mismo nivel que antes lo hacía. Cada día me conectaba con mis amigos y mi familia, pero había dejado de conectarme con mi Creador, la fuente desde donde fluye todo lo creado. Había descuidado la profundidad de esa relación hasta que le confesé cara a cara lo que sentía. Hablé con él y le dije: «Aquí estoy de nuevo».

Desde siempre, al igual que cuando era joven, tendía a adelantarme a muchas cosas. Siempre he querido madurar más rápido. Crecer más de lo que la edad cronológica me lo exigía. Así fue que empecé a organizar cosas nuevas sin consultar con mi Creador. Quería hacer todo y de todo. Poco a poco fui cubriendo mi tiempo con otras actividades y dejé de lado mi comunión con Dios y mi tiempo para escribir.

Tuve que aprender a ordenar mi vida, a atreverme a decir NO, una palabra que no a todos le gusta oír pero muy necesaria para una vida saludable. No podía volver a cometer el mismo error de abandonar lo importante por situaciones con diferente nivel de prioridad. Necesitaba reenfocarme pero para eso necesitaba la ayuda y la dirección de Dios.

Durante la etapa previa a esta determinación, muchos amigos cantantes que comenzaban en el ministerio, se acercaron a pedirme ayuda. Me decían: «¡Funky! Este es mi disco y quisiera lanzarlo. ¿Podrías ayudarme?». Y claro, como no me atrevía a decir un «No», terminaba comprometiéndome con casi todos.

fotos del crucero

Me gusta · Comentar · Compartir

Así fue que me encontré rodeado de tantos proyectos de «Reggaetoneros» que querían mi ayuda... y mi deseo era ayudarlos, pero no estaba listo para iniciar un negocio con este propósito, sin embargo... lo hice.

Debo confesar que no soy bueno en el área administrativa, mi esposa Wanda tiene ese don. Seguramente aquellos muchachos y quienes los rodeaban esperaba más de mi parte, más de lo que verdaderamente podía hacer. Quizás creían que a través de mi experiencia y reconocimiento en la música, ellos obtendrían la misma repercusión, pero eso no ocurría. Por más que yo insistiera en empujarlos, la realidad era que no tenía una barita mágica. Ese trabajo solo lo puede hacer Dios.

Intenté ayudarlos con todo mi corazón, mis fuerzas y aún mi economía. Mi compromiso y convicción me llevaban a hacer lo imposible para que ellos logren el reconocimiento que yo disfrutaba. Los llevaba de viaje conmigo, se lo presentaba a los productores de compañías musicales, hice lo imposible para poder ayudarlos, pero económicamente yo no podía mantenerlos. Los ayudaba a producir su material, pagaba sus arreglos musicales, colaboraba con las letras, pero no podía hacer más nada. Por otro lado tenía a mi familia que sostener.

Algunos de ellos empezaron a sentirse insatisfechos. Cuando exigieron más de mí… yo no pude responderles. Me presentaron sus quejas, y no aceptaron mis respuestas. Ellos no entendían, aunque debo reconocer que yo tampoco estaba entendiendo los tiempos de Dios.

Al mismo tiempo, mi carrera personal estaba en ascenso. Cada vez me invitaban a más eventos y más conciertos. Surgieron muchos viajes, giras, éxito, y ellos creyeron que yo estaba haciendo plata con el material de ellos. Así surgieron muchos conflictos y una gran desilusión. En mi interior pensaba: «Ellos no se dan cuenta que los estoy ayudando. Que intento hacer lo posible, pero…». Lloraba frente a mi esposa mientras le decía: «Si ellos entendieran que yo no soy Dios, y que no puedo hacer más por ellos». Sus materiales se vendían poco. Eran muchas personas reclamándome, hasta que no pude más y caí en el 2006 - 2007 en una profunda depresión.

El llanto era mi gran compañero. Lloraba por todo. En ese momento estaba viviendo el punto más alto de mi éxito ministerial. Era un tiempo de gran trabajo. Pero aunque estaba haciendo lo que me gustaba, cuando llegaba a mi casa, me ponía a llorar. Cada vez que tenía que irme a tomar un avión, aunque tuviera deseos de salir a ministrar, no quería y volvía a llorar.

Tal fue la depresión que vivía que la relación con mi familia comenzó a afectarse. No me podían hablar… Solo quería estar solo y encerrado en mi casa. Este fue el momento en el que todos me pedían que presentara el nuevo material y no tenía nada…

Mi último disco «Corriendo Para Ganar» había vendido una buena cantidad de unidades, y mi compañía de discos, Canzión, me preguntaban para cuándo tendría listo mi siguiente material. Y yo… no tenía nada. Pensé que aquellos a quienes yo había dedicado tanto tiempo me ayudarían a armar mi nuevo material, especialmente en ese momento que todo me resultaba tan difícil. Pero no había nadie. Todos habían desaparecido. Nunca antes me había sentido así. Después de haberme convertido, todo estaba bien, pero viví ese tiempo de gran soledad aún rodeado de tanta compañía.

Aún sintiéndome mal, yo seguía en la tarea. No me detuve. Seguí cantando en grandes plataformas a miles de muchachos. Con el tiempo entendí que el peor error de un líder es tratar de hacerle creer a todo el mundo que todo está bajo control, cuando en verdad no es así.

Una noche, había comenzando a dolerme el pecho y realmente me sentía muy mal, fue entonces cuando Wanda me dijo: «Ya no aguanto más. Debemos hacer algo». Ese día me llevó al doctor. En aquella consulta el médico me dijo que no podía continuar viajando, que debía tomarme un descanso, que todo lo que estaba viviendo era producto de un gran estrés. El paso siguiente fue cancelar varios conciertos programados, eso vino acompañado con algunas amenazas de demandas legales.

¿Puedes imaginarte la calidad de mis oraciones para este tiempo? Las frases que salían de mi boca decían algo así: «Señor, te doy gracias por este día. Amen». Mi mente y corazón estaban aturdidos por todo el agotamiento y la gran presión que había vivido.

Con mucho esfuerzo pude escribir algunas letras, y la gente la recibió muy bien, aún las siguen cantando aunque ellos no sabían el proceso que estaba viviendo. Me sentía como el título de mi disco anterior, «Corriendo para ganar». Me veía corriendo para ganar la batalla. Una batalla dentro de mí. Es curioso verlo ahora desde lejos, porque en verdad yo no me detuve, seguí corriendo.

Una de las canciones dice: «Síguelo, no te pares». Pero hoy, me he dado cuenta de que hay momentos que tienes que parar de correr para comenzar a caminar. Al final de la canción digo: «Sigue corriendo, cuando ya no puedas correr, pues entonces camina, y cuando ya se te haga difícil caminar, pues usa un bastón, pero no te detengas».

En medio de todo ese torbellino emocional y espiritual,

Wanda llamó por teléfono a mi mamá y a mi papá a Puerto Rico, compró dos boletos de avión para que vinieran a Orlando, ciudad donde vivo, y toda la familia nos fuimos de viaje de vacaciones. Wanda pensó que un hermoso crucero sería lo mejor para pasar tiempo con toda la familia y descansar. Y así fue.

El hecho de que mi madre estuviera cerca fue muy importante para mí. Ella siempre ha sido un refugio de amor y contención para mi vida. Siempre estuvo ahí para mí.

El hermoso crucero recorrería las Bahamas, México y Jamaica. Fueron siete días en los que estuve completamente desconectado, sin medicinas ni presiones. Los primeros días fueron difíciles, porque me costó mucho disfrutar. Mi papá, esposo de mi madre, me hace reír mucho, y verlo jugar con mis hijos fue realmente hermoso. Eso me dio mucha paz.

Durante el crucero tuve varias experiencias con Dios. Recuperé mi conversación con él. Tomaba tiempo a solas en la parte superior del barco, y mientras miraba el mar reanudé el dialogo. Durante uno de esos momentos miré los pisos inferiores y vi la gente en uno de los salones bailando y disfrutando el viaje. Luego miré al exterior y solo vi oscuridad en medio de las aguas. Entonces comprendí que mientras ellos gozaban de su alegría, había alguien que estaba en control de aquella enorme embarcación.

Supe en ese instante que eso es lo que tengo que hacer con mi vida: Disfrutar del viaje, y entender que hay un capitán que está a cargo, yo no tengo que preocuparme. Él me llevará al lugar donde tengo que estar. Ahí comenzaron a nacer nuevas melodías, letra fresca que fluía y deseos de trabajar. Poco a poco mi oración volvió a ser lo que fue al principio. Empecé a conectarme otra vez con la fuente. Desperté a la realidad de saber que, cuando todo el mundo se va, solamente él es quién queda.

Durante los cuatro años que estuve sin grabar, seguía viviendo de los conciertos, de la música que ya había hecho, y mientras tanto escribía nuevas canciones. En ese lapso de reconexión surgieron nuevas creaciones como «Ella quiere que la miren». Esta fue un tema que escribimos con mi amigo «Redimi2». Él sabía lo que me estaba pasando y quiso ayudarme. Junto a esta también nació «Yo sé que ganaré» que dice:

«He peleado mil batallas
He vencido a los gigantes
Hoy prosigo hacia la meta
Con mi jefe por delante
Pero sé que falta mucho
Territorio por ganar territorio por ganar
Que me esperan más gigantes
Que tendré que derribar

Coro
Pero yo sé que ganaré... yo ganaré
Y que al final yo llegaré... yo llegaré
Que en la batalla venceré... yo venceré
Y que mi sueño alcanzaré... nadie va a pararme

Sé que ganaré te lo aseguro
Aunque el camino se me ponga duro
Aunque ande por el valle oscuro
Yo puedo derrumbar los muros
Aunque el hombre no me quiera dar el break
Aunque quieran juzgarme por su ley
Lo que yo tengo no se vende en eBay
No te olvides que yo soy un hijo de rey
Yo no me quito sigo en la pelea
Sigo pa` lante pues se quien me baquea (Respalda)
Sigo en la barca aunque suba la marea
Aunque las cosas se vean feas

En mi vida yo he tenido momentos de tristeza y de felicidad
Tiempos de abundancia y de necesidad
Pero entiendo que no es mía la capacidad
Que lo que tengo es por su gracia y por su bondad
He tenido que reír

He tenido que llorar
He tenido que pedir perdón y perdonar
Sé que es alta la montaña que tengo que escalar
Que falta mucho por andar».

Esta fue otra de las canciones que reflejaba «ese era yo». Esa canción me motivó mucho y lo sentía como mi himno. Tres años después la incluí en el siguiente material.

Otra canción que grabé fue una que se llama «No me hablen de problemas». Esta surge en medio de una crisis económica y varias otras situaciones que trajeron adversidad a mi vida. Parte de la letra dice:

«No me hablen de problema ni de crisis
ni de la recesión, porque no voy a escuchar
yo no quiero que esas cosas me distraigan
y me causen frustración, yo tengo que continuar,
pues mi vida no depende de dinero sino de convicción
por eso tengo que ignorar
los comentarios que me hablan de derrota,
el mundo anda en crisis pero
Dios nunca está en bancarrota.

Mi identidad no está en lo que poseo
tengo seguridad en las cosas que no veo,
mi fe solo la pongo en el todo poderoso
y pueden llevarme el carro pero no robarme el gozo
pueden quitarme todo hasta sacarme de mi casa
pero sigo tranquilo porque eso no me atrasa…».

A través de todas estas situaciones me di cuenta que Dios siempre estuvo conmigo. Recuerdo que cambié el título del disco varias veces, uno de esos fue «Plugged-In» (Conectado), pues así me sentía yo. Entonces comenzaron a pasar un montón de cosas, como cuando me robaron la computadora y se perdieron muchas canciones que yo ya había hecho, y decía: «Dios mío, ¿qué es lo que pasa?». No entendía qué estaba ocurriendo. Las batallas llegaban a mi vida pero en mi interior no perdía el deseo de cantar, al contrario, veía todas esas cosas como ilustraciones para escribir. Era como un «Reset».

Cuando sentí que ya tenía los temas suficientes que reflejaran mi historia durante esos cuatro años, lanzamos el disco llamado «Reset». Quienes lo han escuchado saben que ese material revela quién soy y todos los valles que tuve que cruzar. En este CD hay una canción muy especial titulada «Solo Tú» donde le canto al Señor con estas palabras:

*«Ya me di cuenta que el concepto
que tenía de lo que es ser un amigo
Lo tenía errado.
El verdadero amigo es aquel que entra
Cuando todos los supuestos ya se han marchado.
No es el que viene a raíz de lo que tienes
Y a espaldas te apuñala como me ha pasado,
Sino aquel que se mantiene dispuesto a sacrificarse
Y por siempre se queda a tu lado*

*Quién me pregunta cómo estoy.
Si sigo bien si me va mal.
Si tengo ganas de reír.
Si tengo ganas de llorar.
Quién me ayudó a levantarme
En momentos cuando estuve atribulado.*

*Quién fue el que extendió su mano,
Y no para señalar.
Quién me explica si no entiendo.
Quién me ayuda a caminar.
Sólo tú te has mantenido
Y qué bueno que no me has abandonado».*

Cuando grabé este tema, lo hice para sacármelo del sistema, porque yo no me siento triste, ya no sigo batallando, ahora me siento súper feliz. Ese proceso pasó y me ayudó a madurar. Es por eso que cuando canto esta canción recuerdo mis vivencias y mi verdad. Ahora digo: «Definitivamente, este es el disco que yo quería cantar».

En ese tiempo me compré un piano y lo puse en la sala de mi casa. Ahí nacieron los acordes de «Justo a tiempo», «Solo tú» y «Te necesito» que dice así:

*«Una mirada al suelo, un par de lágrimas
me retrasan el vuelo a la felicidad.
Por eso hoy miro al cielo
y recibo la paz con el consuelo
y la seguridad*

*CORO
//Te necesito para alcanzar lo que no veo
y lo que vendrá.
Yo necesito tu mano.
Grande soberano con tu paz
me atreveré a volar//*

*Sobre todo mal yo me elevo.
Sobre el viento que azota la paz yo me elevo.
Sobre toda prueba y tempestad yo me elevo.
Sobre todo afán y ansiedad yo me elevo.
Sueño con alas, yo no sueño con capa.
La realidad te enseña. La fantasía te atrapa.
No quiero fantasear mientras la vida se me escapa.
Yo decidí volar sobre lo que el Sol me tapa».*

Estas maravillosas palabras las escribió Alex Zurdo. Un día lo llamé y le conté lo que estaba viviendo: «Me siento así… pero al mismo tiempo, me siento así y así… Quiero una canción que diga que puedo atreverme a volar por encima de todo lo que me está pasando». Mi amigo interpretó todo lo que sentía y escribió esta maravillosa canción. Algunos amigos siempre han estado, debo reconocerlo, personas como Redimi2, Alex Zurdo y Vico C, quien escribió «Hoy»:

*«Hoy caminaré distinto rumbo a una nueva escena.
Dirigiré mis pasos a donde valga la pena,
y seguiré a quien le dicen El Gran Yo Soy.*

Hoy descubriré aquello que me está sofocando.
Aplastare al gigante que me ha estado matando.
Y escogeré mejor el camino por donde voy.

CORO
Hoy sabré quien es mi enemigo
y los que no dicen la verdad.
Descubriré quien es el amigo
que me aparta de la maldad.
Hoy sabré cual es mi destino
y lo que me pertenece a mí.
Descubriré si hay en el camino
agua de vida para no morir.

Aquí estoy Hoy

Hoy tengo poder, tengo la luz, tengo un nuevo día.
Tengo una nueva dirección, tengo sabiduría.
Mejor que nunca estoy consciente de donde estoy.
Hoy una nueva vida en mí se está construyendo.
Se ha quitado el velo de mis ojos por eso entiendo,
ahora en vez de quitar lo ajeno mi vida doy».

Con este tema descubrí que lo importante no es lo que no hice, sino lo que voy a hacer de ahora en adelante, pues ahora miro para donde voy.

Es la primera vez que hago un disco, y me ministra primero a mí. Uno tiende a hacer las cosas pensando en los demás, y obviamente, te metes en la cabeza que tienes que hacer lo que a la gente le gusta, y yo no quería cometer ese error esta vez. Este disco, musicalmente, tiene muchos temas que parecen baladas, aunque tienen rima, pero el estilo de música no es el tradicional de reggaetón.

La carátula de este «Reset» es una ilustración que representa el texto que dice: «Con respecto a la vida que antes llevaban, se les enseñó que debían quitarse el ropaje de la vieja naturaleza, la cual está corrompida por los deseos engañosos; ser renovados en la actitud de su mente» (Efesios 4:22-23).

Me gusta · Comentar · Compartir

FUNKY DE AHORA EN ADELANTE

con mi padre a los 5 meses

arriba: con mi padre y mi hermana
abajo: con mamá y mi hermana de 1 año.

¿Qué está pasando?

nació un niño, elegido para ser un mensajero

Me gusta · Comentar · Compartir

*«No estaba planeado
Lo de mi nacimiento, posiblemente mami
No tenía conocimiento
Que en el hospital
Yo era un simple alumbramiento
Pero en el cielo,
Yo era todo un acontecimiento».*

Mi llegada a la familia el 23 de enero de 1974 fue en medio de algunas situaciones familiares complejas. Mis padres, Miriam Cosme y Raúl Marrero, ya estaban grandes conflictos en su relación. Somos solo dos hermanos fruto de esta pareja, mi hermana mayor Mariam y yo. A mis tres o cuatro años de edad, mis padres se divorciaron. Es por eso que no guardo en mi memoria un tiempo con mi papá y mi mamá juntos.

Cada determinada cantidad de días mi padre pasaba a buscarme y estábamos juntos algunas horas, a pesar de esto no había podido establecer una relación fuerte con él. Ambos, tanto mi mamá como mi papá, no mucho tiempo después decidieron rehacer sus vidas. Mi papá se fue a la ciudad de Orlando y volvió a casarse. Mi mamá hizo lo mismo.

Con el tiempo, Carlos Ríos, el nuevo esposo de mi mamá, se convirtió en mi papá. Al principio de esta relación yo estaba muy celoso de él. Cuando comenzaron a conocerse y a salir, a veces me llevaban con ellos. Solía sentarme en el auto entre los dos, para separar a mi mamá de su lado. Colocaba mi pequeño brazo sobre el hombro de mi mamá, solo para dejarle saber a él que ella era mía. También recuerdo que para llamar la atención de mi mamá, cada vez que subíamos al automóvil y me mandaban a sentarme en los asientos traseros, me tiraba al piso y me quedaba allí escondido. Cuando me preguntaban por qué hacía eso, mi respuesta era: «Es que el perfume que él usa me marea». Imagino que como todo novio que iba a visitar a su novia, se pondría mucho perfume.

Nunca olvidaré la primera vez que él me regañó. Para mí fue como un puñal de gran dolor, yo era chiquito y pensé que esto nunca iba a ocurrir. Luego del regaño, mi nuevo papá me envió a mi cuarto, y mi corazón se partió en dos. Había un espejo en el pasillo de la casa por el cual en medio de mi llanto veía que mi «papá» me estaba mirando. Al cruzar nuestras miradas, él se acercó y finalmente me abrazó como señal de perdón.

Mi papá Carlos siempre fue muy sabio y entendió que tenía que ganar primero mi cariño para poder ganarse luego a mi mamá, y lo logró. Él se convirtió en un verdadero padre para mí. Después de tantos años, aun lo considero como tal. Siempre amé a mi madre y poco a poco pude amar a

con mi mamá (1988)

1er año del colegio

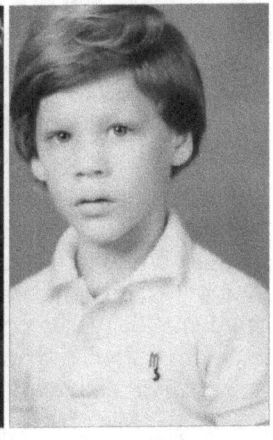

Me gusta · Comentar · Compartir

---

su esposo, a quien en verdad llamo «papá», porque así lo siento en mi corazón.

Después de 30 años de «novios», ellos decidieron casarse hace algunos años. Yo por supuesto, fui el padrino de la boda junto con mi hermana. Gracias a él y a mi madre crecí con una imagen de una familia.

Creo que mi papá biológico no se dio cuenta de lo que había hecho hasta muchos años después. Él pensaba que esos fines de semana que pasaba a buscarme eran suficientes, pero en verdad no lo era.

Mi verdadero papá también se volvió a casar. La relación con él y su esposa también fue buena, aunque no tan cercana al principio. Por su personalidad, mi papá no era muy comunicativo, le faltaba expresión. Su clásica pregunta de todos los fines de semana era: «¿Cómo están las notas de la escuela?». Esa era su preocupación, pero como alumno era bueno… por lo menos hasta que llegó mi primera adolescencia. Sin embargo, siempre tuve problemas de conducta. Era un niño inquieto, hiperactivo. Siempre tenía que estar haciendo algo.

Mi hermana mayor era bastante dominante. Mi mamá me cuenta que aunque en la escuela me portaba mal, en casa era muy callado. Cuando me sentaba a jugar con mis juguetes, mi hermana venía y se tiraba sobre ellos hasta desparramarlos todos.

A la edad de 12 o 13 años tuve un cambio de conducta. Comencé a ponerme rebelde. Los mensajes de mal comportamiento en la escuela eran cada vez más frecuentes. Le contestaba mal a los profesores y no quería obedecer. Mi madre comenzó a darme responsabilidades en la casa y eso no me gustaba para nada. Mis pensamientos comenzaron a ser: «Mi mamá no es tan buena como yo pensaba». Mis obligaciones eran básicas, simplemente debía llevar la basura al cesto de afuera o ayudar en el orden de la casa. Pero esta situación no me gustaba. Al mismo tiempo notaba que mi padre, que para este momento ya vivía con su familia en la ciudad de Orlando y nosotros en Puerto Rico, no tenía esas exigencias cuando lo visitaba en su casa.

Como parte de esa rebeldía le dije a mi mamá muchas cosas dolorosas de las cuales hoy me arrepiento porque sé que la hicieron sufrir, parte de ella fue que a los 13 años decidí ir a vivir con mi papá. Mi madre, aparentando ser fuerte, dijo: «Está bien. Si quieres, ve». Tiempo después supe que esa aparente fortaleza se debilitaba en llanto cuando estaba a solas en la casa.

Viajé a Orlando decidido a que vivir con mi padre y su familia sería una maravillosa experiencia. Pero al poco tiempo de llegar me di cuenta que mi papá actuaba igual que mi mamá. Él también puso reglas que debía cumplir en la casa. No podía dormir hasta cualquier hora, tenía que sacar la basura, y había obligaciones que cumplir en la casa. La esposa de mi padre exigía lo que cualquiera hubiera pedido, lo único que yo… era un muchachito que no quería someterse a reglas. Así surgieron muchos problemas entre ella y yo.

mami y papi celebrando su boda después de 30 años de noviazgo

Me gusta · Comentar · Compartir

arriba: en la boda con mis hermanos, abajo: papi y mami con sus nietos

Mi padre viajaba mucho, era corredor de bienes raíces, y durante muchos días me perdía de su control. Para ese tiempo tenía una antena satelital en su casa y sin que nadie me viera miraba cuanto canal prohibido había. Ahí empecé a experimentar con la pornografía, que despertó un interés por lo sexual, surgieron en mí deseos que antes no tenía. Luego entendí que mi paso por la ciudad de Orlando a esa edad había dejado una gran marca en mi vida, mi primera relación sexual.

Tiempo después le dije a mi madre que quería regresar a Puerto Rico. La rebeldía estaba en mi corazón, no en la casa ni la ciudad donde me encontrara. Extrañaba mucho a mi mamá y también... increíblemente... a mi hermana.

Antes de mi viaje a Orlando, la escuela católica a la que concurría, anunció que no me recibiría más a causa de mi mal comportamiento. Sin embargo, cuando regresé a Puerto Rico mi mamá se enteró que la Madre Superiora había cambiado y pidió una reunión con ella para solicitarle una nueva oportunidad para mí. La respuesta de la nueva Madre

Superiora fue: «Lo vamos a poner a prueba, pero si no tiene un promedio de conducta en todas las clases, se tendrá que ir». Me matricularon allí nuevamente, pero cuando terminó el año, no me aceptaron más.

Ese tipo de escuelas tiene una exigencia superior sobre los chicos. Las monjas eran muy exigentes con la conducta, aunque en verdad mi comportamiento no era el mejor. Mi mamá siempre ha sido católica, por eso su preocupación por que yo estudiara en una escuela con ese tipo de enseñanzas, pues donde vivíamos estaba rodeado de amigos que eran malas influencias, y ellos iban a escuelas públicas de allí.

Al año siguiente mi mamá me matriculó en un colegio militar. No quedaban muchas alternativas. Para este momento tenía 15 años y ya no bastaba con un buen comportamiento, había reglas que cumplir. Mis zapatos debían estar brillantes y la ropa planchada. Pero no resultó nada fácil tampoco, aunque todo iba bien al comienzo.

Luego de seis meses de estar en la escuela militar, una maestra denunció a la dirección que yo había dicho una mala palabra en voz alta durante el tiempo de clase. ¡Imagina lo estricto de esa escuela y yo diciendo malas palabras! A mitad de año me sacaron de allí.
Ya casi no quedaban alternativas para que continúe estudiando, entonces con dolor en el alma, mi mamá me llevo a Corozal, el pueblito donde ella nació. Allí había una escuela donde podría continuar estudiando, para ello era necesario mudarme a vivir en la casa de mi abuelita. Esta decisión no fue sencilla para ella. Algo la llevaba a pensar que estaba repitiendo conmigo otra historia que ya había vivido.

Hacía algunos años atrás, cuando todavía no se había casado con mi padre, mi madre tuvo un hijo, mi hermano mayor. Al estar sola y tener que trabajar, tuvo que tomar la decisión de llevarlo a la casa de una tía para que ella la ayudara a criarlo. Para este momento, mi hermano ya tenía

con mi mamá y mi tía lourdes

Me gusta · Comentar · Compartir

cerca de 19 años, y yo, 15. Esa es la razón por la cual mi madre se sentía tan mal en tener que llevarme a esa escuela y dejarme en casa de mi abuela. En su interior volvió a revivir el difícil momento de dejar a mi hermano.

FUNKY DE AHORA EN ADELANTE

junto a mi hermana a los 2 años

mi hermana y yo en la actualidad

¿Qué está pasando?

una esposa que me ama

Me gusta · Comentar · Compartir

*«Mi maestro, mi maestro
poder y gloria de los cielos descendió
de la muerte me libró».*

Crecí rodeado de tíos que al verme me preguntaban: «Muchacho, ¿cuántas novias tienes?». Esta constante pregunta formó en concepto en mí de que cuantas más novias tenía, mejor era. Seguramente quienes me preguntaban esto no se daban cuenta de lo que estaban sembrando en mí. Mi hermano mayor también me lo preguntaba, pero cuando respondía que tenía solo una novia, él decía: «¡Ay! Eres un niño todavía» entre otras palabras que no puedo mencionar aquí. Sumado a esto, la presión de los amigos, es fuerte. Entras en esa competencia a través de la cual lo único que buscas es aceptación. Lo mismo ocurriría en las diferentes escuelas donde estuve. En cada lugar buscaba establecer respeto y mi actuar pretendía decir: «Este soy yo, no te metas conmigo».

Cada vez que debía ingresar a un nuevo colegio me moría de miedo, pero no quería demostrar ese temor, y decía algo así: «Yo soy malo, por eso me pusieron en este colegio militar». Esto no era verdad. No era malo, aunque sí un poco rebelde.

En mi casa, mi hermana me pegaba, aun cuando era un muchachito, y yo no hacía nada. Obviamente, como mi hermana me controlaba, afuera no quería aparentar debilidad, y decía: «Si aparento ser malo, nadie podrá hacerme nada». Exteriormente era un «bravo» que no le tenía miedo a nada. Si venía alguno que no me gustaba, le pegaba. Eso también llamaba la atención de las muchachas. Era sentirme el «macho». Creo que en verdad vivía esa doble vida. En casa mi hermana me pegaba, y en la escuela yo me hacía el «fuerte».

Al comenzar en la escuela del pueblito donde mi mamá se crió, el primer intento que mi madre tuvo fue que no viviera en casa de mi abuela sino que cada día fuera y regresara a casa. Para lograr eso llegó a un acuerdo con mi hermana. Mi mamá le compraba un automóvil, pero ella todos los días tenía que llevarme a la escuela en Corozal. Eran 45 minutos de viaje, y manejar todas las mañanas hasta allá, ida y vuelta, le representaba a mi hermana levantarse mucho más temprano para poder regresar a tiempo sus clases.

Aunque mi hermana aceptó, realmente no quería hacerlo. Todas las mañanas se levantaba de mal humor y durante todo el viaje me prohibía quedarme dormido mientras ella manejaba. Esa era la penitencia que mi hermana me había impuesto. Era tan temprano cada mañana, que muchas veces me quedaba dormido sin querer, entonces ella descubrió un secreto para que esto no ocurra: ponía el aire acondicionado a temperaturas bajísimas para que tuviera frío y esto me mantendría despierto. De esa manera, todo el viaje de 45 minutos iba congelado. Recién cuando me puse a la misma altura que ella en tamaño, dejó de pegarme, pero igual la respetaba, le tenía miedo. Realmente sentía que cabía entero dentro de su boca. Pensaba que me iba a comer, aunque ella se reía. Ese era el concepto que yo tenía.

adolescencia

Me gusta · Comentar · Compartir

Mi mamá no era violenta. No nos pegaba. Así que mi hermana era la que había asumido ese rol. Pero los golpes físicos no eran los únicos que daba, también los verbales eran muy fuertes.

Durante varios meses mi hermana me llevó al colegio, pero llegó un momento en que las peleas entre nosotros eran cada vez más fuertes, y le pedí a mi mamá que me dejara a vivir en la casa de la abuela. Luego de mucho pensarlo, mi mamá aceptó, pero le costó mucho hacerlo.

A los meses de haber empezado a estudiar en esa escuela, una prima que estudiaba en la escuela militar donde había estudiando antes, me contó que luego de haberme ido se descubrió que la maestra que había declarado contra mí, confesó ante las autoridades que no era cierto. Los directivos llamaron a mi mamá, le pidieron disculpas y le dijeron que yo podía regresar al establecimiento. Pero mi mamá, después de todos esos dolores de cabeza, dijo: «No quiero esa escuela para mi hijo. Se la regalo». Entonces no volví. Pero una maestra que dictaba clases de español, se quedó pensando en mí desde el día que abandoné la escuela. Ella siempre había sido muy atenta, era muy joven, tenía alrededor de 24 ó 25 años, aunque por supuesto mayor que yo.

Para todos los estudiantes de esa escuela, esta maestra era la más linda de todas, y querían quedar bien con ella, incluido yo. Recuerdo que solía llevarle los libros hasta el carro, para poder caminar con ella. Un día, esta maestra acompañó a su prima a la casa, que casualmente vivía al lado de la casa de mi abuela. Ahí nos volvimos a encontrar. Ella se alegró de verme y conversamos por un rato. Le comenté que los fines de semana regresaba a la casa de mis padres, a lo que ella se ofreció a llevarme «así mi mamá no me tenía que irme a buscar». Por supuesto acepté, e inicialmente no noté nada de extraño en su ofrecimiento. Una tarde vino a buscarme y durante el viaje de regreso me preguntó: «¿Qué te parece si algún día vamos a playa?». Ella era casada y tenía una beba que la acompañaba siempre en el asiento trasero de su auto.

Finalmente una tarde fuimos a la playa, ella, su bebé y yo. Para ese momento yo tenía 15 años, y realmente no tenía mucha malicia. Ella me gustaba físicamente pero jamás se me había cruzado por la cabeza que tendría una oportunidad de acercarme amorosamente a ella. No lo vi venir. Fue una sorpresa. De hecho era muy tímido con las mujeres. Cuando estaba con la maestra me temblaban las manos. Esa tarde, mientras estábamos en la playa, me habló de los problemas que tenía con su esposo, pero… ¿Qué consejo podía darle yo?

De regreso casa, en el camino, me dio un beso. Me dejó helado. Ocurrió frente al edificio donde vivía. Fue solo un beso, ¡pero yo no lo podía creer! Era mi maestra y para mí eso era: «WOW, soy un campeón. Me quedé con la maestra que le gustaba a todos los estudiantes». Esa misma noche ella regreso sin su beba y tuvimos nuestra primera relación sexual.

Al principio era un secreto, pero obviamente, en mi necesidad de aprobación, quería que todo el mundo lo supiera. Rápidamente lo hice publico en mi familia, sin saber que mi mamá podía hacer una querella y llamar a la policía para que la arrestaran porque yo era menor de edad. Al saber de

wanda

Me gusta · Comentar · Compartir

la foto que wanda me envió para conquistarme

esta posibilidad, comencé a amenazar a mi mamá con que me iría de casa si ella hacía eso. En cierta forma obligué a que mi familia a que aceptara esa relación.

Aunque ella seguía legalmente casada, ya no vivía con su esposo. Durante varios meses sostuvimos esta relación, y obviamente me sentía muy enamorado. Quería que todo el mundo lo supiera. Recuerdo que una de las cosas que más me frustraba era que yo quería pasearme con ella de la mano, mostrarla, y no entendía lo ridículo que se veía, porque lo que se visualizaba era un jovencito de 15 años con una muchacha de 25 años. La diferencia se notaba mucho.

Tal era mi necesidad de mostrar el trofeo que había conquistado que le exigí que fuéramos juntos, tomados de la mano, a la graduación de la clase a la que yo iba en la escuela militar, lugar donde ella trabajaba. Eso le costó su trabajo.

Luego de varios meses, casi un año, conocí en el pueblo a Wanda. Ella estudiaba en mi colegio. Al verla me enamoré totalmente de ella. Comenzamos a estudiar juntos porque íbamos al mismo grado.

Un día, Wanda me regaló una foto de ella y en el reverso escribió: «Para Luis. De tu amiga Wanda, que desea ser más que una amiga». Al poner la foto en mi billetera, la muchacha con la que salía la encontró, y los celos saltaron inmediatamente al punto de que ella fue a escuela a conocer a Wanda.

Todos sabían que mi relación con la maestra no iba a llegar muy lejos, de hecho, la preocupación de mis padres era que ella no me rompa el corazón. Pero esto no ocurrió, porque cuando conocí a Wanda empecé a involucrarme emocionalmente con ella. Obviamente, por un lado eso fue bueno, porque pude dejar mi relación con la maestra, aunque ella intentó volver, hasta habló con mi hermano, porque decía que me amaba.

Esa relación había traído aparejado una vida sexual muy activa, y cuando conocí a Wanda, no supe seguir los pasos de un verdadero noviazgo. La maestra era una mujer y sabía cuidarse para no quedar embarazada. Así fue que cuando estuve con Wanda, no me interesaba caminar de la mano, hacer de novios, yo solamente quería seguir teniendo relaciones sexuales. Busqué a Wanda hasta que comenzamos a tener relaciones, pero no sabía que en realidad no entendía que ella era una muchachita igual que yo. Ambos éramos demasiado jóvenes, y obviamente Wanda quedó embarazada 6 ó 7 meses después.

FUNKY DE AHORA EN ADELANTE

con mi primer baby, luisito

31 diciembre 1991, justo el día antes de luisito nacer

¿Qué está pasando?

una adolescencia apresurada

Me gusta · Comentar · Compartir

«...Pueden quitarme todas las cosas materiales pero yo sigo teniendo cosas que son especiales, mis hijos, mi familia, una esposa que me ama y eso no puede quitármelo ni el presidente Obama y aunque el mundo entero se encuentre en recesión eso no pone en receso lo que está en mi corazón».

Ser papá tan joven fue una gran responsabilidad, aunque fue un gran placer. Siempre le dije a mi hijo: «Tú no estabas en nuestros planes, pero estabas en los planes de Dios». Aunque no aconsejo a un muchachito ser padre tan joven, agradezco a Dios haber tenido a mi hijo. Fue una bendición y lo sigue siendo.

Wanda tenía tan solo 16 años, y yo 17. El impacto de la noticia fue tal que cuando llamé a mi mamá para contarle, me dijo: «Bueno, ahora tienes que buscar un sitio donde ir a vivir con Wanda». Ella no me pidió que me casara, sino que me responsabilice por lo que habíamos hecho. Además agregó: «No sé qué vas a hacer, pero tienes que buscarte un nidito para llevártela». Como siguiente recurso decidimos hablar con la mamá de Wanda, y su respuesta fue: «El que se casa pa` su casa».

Aún no habíamos terminado nuestros estudios. Estábamos en el décimo grado. Todavía nos faltaban dos años para concluir. No teníamos dónde ir a vivir ni tampoco trabajo. Al mismo tiempo mi mamá se había asegurado de que yo no me quedara en la casa de mi abuela. Hoy, con el tiempo, no le reclamo nada. Su decisión me ayudó a crecer y a responsabilizarme.

Al lado de la casa de mi abuela vivía un tío de mi mamá. Era un viejito solo que nunca se había casado. Esa tarde fui a su casa y le dije: «Tío Pepe, me pasó esto, y quería saber si podías rentarme alguna habitación de tu casa. Yo puedo trabajar y pagarte». El Tío Pepe, que siempre había estaba solo, aceptó que nos quedáramos allí. Estuvimos allí hasta que Wanda dio a luz a Luisito.

Aunque mi madre no nos dejaba quedarnos en su casa oficialmente, cada viernes por la noche llegaba a buscarnos con su automóvil para que pasáramos el fin de semana con ella.

Wanda continuó los estudios aún embarazada. Llegaba de la escuela y se tiraba agotada en la cama, muchas veces se quedaba dormida con la ropa de la escuela puesta. Cuando dio a luz, ella quería seguir estudiando y pidió a ambas familias que la ayudaran a cuidar al niño, pero nadie accedió. Desde mi corazón realmente quería que Wanda terminara la escuela, pero tuvo que quedarse en casa cuidando al niño.

Por mi parte era necesario que yo trabajara, debía cuidar de Wanda y de Luis, por eso aceptaba lo primero que apareciera. Por mucho tiempo empaqué las compras en un supermercado. Con eso poquito que ganaba cubría los gastos básicos de la casa. Cuando el niño comenzó a crecer,

mis comienzos

Me gusta · Comentar · Compartir

comenzamos a buscar un departamento que fuese solamente para nosotros. Finalmente encontramos un sótano, donde con algunos arreglos podíamos vivir.

La música fue mi motivación rítmica desde pequeño. En la escuela militar di mis primeros pasos musicales. Siempre me involucraba en todo los concursos de talentos que proponían. Mi sueño era ser un músico. Primero escuchaba rock, hasta que un amigo llamado Willy, me hizo escuchar a un grupo de Nueva York llamado «Run-D.M.C» que aunque interpretaban rap, usaban guitarras eléctricas en algunas de sus canciones. Esa transición musical no fue tan difícil.

Un día escuché a Vico C por primera vez y me enamoré de su música. Para ese momento Vico que era un jovencito que recién comenzaba. Su estilo de rap en español, ahora se llama reggaetón.

Admiraba a estos músicos. Bailaba como ellos. Aprendía los pasos. Me cortaba el pelo y me hacia diseños extraños en la cabeza. Mi mamá se preocupaba, no le gustaba. Este estilo hablaba mucho en contra del racismo. Aunque a mi mamá nunca le importo mucho lo de la música, solo me decía: «Ponte a trabajar. Ahora tienes un hijo. Olvídate de todo eso, no es para ti». La música era importante para mí. Hubiera preferido dedicarme a eso antes que tener que trabajar para alimentar a mi familia.

Pocos meses después, exactamente cuatro de haber nacido nuestro primer hijo, Wanda quedó embarazada nuevamente. No teníamos experiencia en ningún tipo de planificación familiar. Tampoco teníamos a nadie que nos aconseje. Vivíamos solos. Estábamos solos todo el tiempo.

Todas estas situaciones le trajeron a Wanda mucha frustración. Su actitud cambió y no lograba entender qué le pasaba. Cada vez que intentaba estar en intimidad con ella, siempre debía atender a alguno de los niños y me sentía como reemplazado. Así surge una crisis entre nosotros. Obviamente era una edad en la que no tienes responsabilidad y en cierta forma, aunque amaba a mis hijos, los culpaba que su madre no quisiera estar conmigo. Mis pensamientos eran: «Encima que voy a trabajar todos los días para comprarle sus pañales y su leche, estos niños no me dejan tener tiempo con su mamá».

Cuando cumplí los 18 años, ya teníamos casi dos años de convivencia. Mis amigos no tenían mis mismas responsabilidades. Ellos no tenían hijos ni esposa y podían salir cuando les daba la gana. Iban a discotecas a bailar y a disfrutar de las fiestas. Al verlos empecé a pensar: «Wow, en lo que me he metido». Como parte de esa crisis y rebeldía en mi vida, vuelvo a ponerme en contacto con mi hermano mayor Edwin, aquel que vivía en casa de mi tía, y comencé a salir mucho con él.

El cambio de actitud de Wanda fue mi mejor excusa: «Si ya no le intereso, me voy para la calle». Mi querido hermano mayor fue todo un caso. Él estaba divorciado y tenía una niña. Pero al estar solo comenzó a buscarme para que lo acompañara en sus andadas.

Durante una de esas salidas, él me pidió que lo acompañara. Quería salir con una muchacha que iría con su hermana y necesitaba alguien que lo acompañara. Esa salida

cumpleaños de mi hermano edwin

Me gusta · Comentar · Compartir

fue una gran locura. Para este momento mi hermano estaba consumiendo drogas y me preocupaba, pero igual lo acompañaba. Mientras él y su amiga hacían sus cosas, me puse a hablar con la hermana de la muchacha. Realmente no estaba buscando compañía ni un amorío, pero... algo ocurrió.

A todo esto, Wanda pensaba que yo solamente salía con mi hermano. Nunca imaginó que había comenzado a ver a alguien más. Ella sabía que a mi hermano le gustaban las carreras de autos de pandillas por las calles de la ciudad. Esas eran nuestras salidas.

Un día mi hermano hizo una apuesta y dijo: «Si nosotros ganamos, ustedes se van para donde nosotros queramos». Al pensar en mi hermano y su infancia lejos de casa, un constante sentimiento de culpa me invadía, por esa razón siempre intenté agradarle. No le estoy echando la culpa a él, fue mi decisión. Así como decidí que no iba a consumir drogas a pesar de que él se drogara frente a mí, tampoco debí aceptar tener otra relación paralelamente a Wanda. Pero no pude vencer esa tentación.

Poco tiempo después la muchacha quedó embarazada. Diría que prácticamente fue el resultado de una noche de estar juntos. Para ese entonces, mi segundo hijo con Wanda, Jorge, acababa de nacer. Al enterarme, en mi mente volví a justificarme diciendo que Wanda no me atendía como esposo. Yo mismo hice ese libreto y me lo creí. Pero la verdad es que siempre fue mi error. Ahora, ya maduro, entiendo todas mis malas decisiones y como resultado sus consecuencias.

Así, a los 18 años, comencé a tener una doble vida. Por un lado estaba Wanda con mis dos hijos, y por el otro esta muchacha llamada Lorna, embarazada de mi siguiente hijo. Ella sabía de la existencia de Wanda, pero pensaba que como tenía tantos problemas con ella, pronto la dejaría. Eso fue lo que yo le hice creer, pero la realidad es que estaba con Wanda y quería seguir con ella.

A todo esto si hay algo bueno que logro resaltar de mí, fue mi gran responsabilidad por afrontar la paternidad. Quería a esos hijos, no importaba cómo habían llegado a mi vida, pero los abrazaba y los asumía inmediatamente como míos.

Mucha gente no puede entenderlo, pero era demasiado joven, y aunque le fallé a Wanda, yo la amaba, simplemente me equivoqué. No me gustaba verla sufrir, tampoco a la otra muchacha. Obviamente fue un error que cometimos los dos, Lorna y yo, pero yo me sentía responsable.

Traté de ocultar la situación durante un tiempo, pero el pueblo era chiquito y se saben todas las cosas. La mamá de Wanda se enteró de lo que estaba pasando, se lo dijo y yo entré en desesperación. ¿Qué iba a hacer ahora si Wanda me dejaba? Me volví loco.

Cuando llegué a casa se armó un súper escándalo. Wanda me echó y me fui para la casa de Lorna. Wanda quedó sola en el departamentito del sótano. Pocos días después de aquella discusión, regresé y con palabras dulces y amorosas, la volví a enamorar y ella me aceptó.

Grande fue mi sorpresa, cuando supe que fruto de nuestra reconciliación, Wanda quedó nuevamente embarazada. ¡Mi Dios! La cosa se complicaba cada vez más. ¡Para ese momento, las dos mujeres estaban embarazadas a la misma vez!

FUNKY DE AHORA EN ADELANTE

¿Qué está pasando?

he peleado mil batallas

Me gusta · Comentar · Compartir

*«Aunque mi falta de discernimiento
me llevó al camino estrecho en mi crecimiento.
Conocí la maldad, el dolor y el sufrimiento.
Hundido en el fango
Sin entendimiento».*

Mi vida se había vuelto un poco complicada. Por un lado estaba Wanda, la mujer que amaba, mis dos hijos varones, Luis y Jorge, y estábamos esperando nuestro tercer hijo. Por el otro estaba aquella muchacha que mi hermano me había presentado, embarazada también. Para ese entonces, mi vida continuó complicándose en otros aspectos también.

Aunque no llegué a tener problemas con drogas, estuve muy cercano a tenerlos ya que estaba rodeado por ese entorno. Para ese momento tenía dos trabajitos: Uno en el supermercado y otro en un video club, donde se rentan videos. Cuando dejé el video club conseguí trabajar de en la barra de una disco, como cajero. Este trabajo era de noche, y el ambiente no era bueno, pero como la bebida nunca me llamó la atención, no fue un problema para mí.

Sin embargo, una noche en las mismas andadas con mi hermano Edwin, mientras Wanda estaba embarazada y la otra muchacha también, conocí a una nueva muchacha la cual miraba con simpatía. Me gustaba y estaba queriendo tener algo con ella. En una de esas salidas, Wanda se apareció en mi trabajo y me vio con la muchacha. No se le ocurrió mejor idea que ir a llamar a Lorna, que también estaba embarazada, para que fuera al lugar donde yo estaba y juntas ver qué estaba haciendo. Cuando esas dos mujeres se presentaron allí, a mí se me acabó el mundo. Creo que fue uno de los peores días de mi vida. Llorando decía: «Perdí todo. Todo se fastidió». Esa noche me emborraché. Pensé que entre las dos me iban a matar. Se habían aliado para enfrentarme y descubrirme.

Yo no quería ser este «Bad Boy» tipo que era. Cuando analizo mi vida, no tenía razón para ser así. No había vivido una mala vida como para tener esa rebeldía. Reconozco que aunque las malas influencias me afectaron, en mi corazón ese no era yo. Poco a poco comencé a darme cuenta del daño que le estaba haciendo a Wanda y a Lorna también.

A los pocos días Lorna dio a luz a mi tercer hijo varón, Edwin. Verla llorar, sola, con el niño, me daba mucha pena, aunque mi padrastro había sido un buen padre para mí, yo no había tenido la posibilidad de crecer con mi verdadero papá, y sabía que eso le iba a ocurrir también a mi nuevo hijo. Al mismo tiempo tenía que pensar que otro hijo de Wanda venía en camino y era necesario tomar una decisión.

Cuando mi mamá supo lo que estaba pasando, inmediatamente se puso cerca de Wanda y la defendió con uñas y dientes. Ella era su hija, estábamos juntos todos los fines de semana y ella criaba a sus nietos. En cierta forma, mi mamá asumió el rol de madre con Wanda ya que era tan jovencita que la adoptaron como su hija. De hecho mi mamá y mi papá han presenciado todos sus partos.

Estaba solo. Mi único aliado era mi hermano, el que había vivido la vida sin importarle nada. Él era el único que me «aplaudía». El resto de la familia, me dejó... A pesar de todo, nunca gané su aprobación, hiciera lo que hiciera. Siempre intenté que él se sintiera amado, querido, pero creo que no lo logré. Sé que con el tiempo y el cambio del curso de mi vida a través de las decisiones, me gané su respeto.

Para aquellos años quería que todo el mundo se sintiera bien conmigo, y yo los hacía sentir bien. Todo empezó con mi hermano, y luego siguió con los demás. Durante muchos años me sentí mal por mi hermano mayor. Creí que a causa de que mi mamá conoció a mi papá y luego nacimos nosotros, decidió dejarlo a cargo de mi tía para que lo cuide. Ella lo sobreprotegió y lo adoptó como a su hijo. Mi mamá solo representaba a la mujer que le compraba la ropa, la bicicleta, y le daba muchos regalos. Ella era para comprar, no para compartir.

Cierta vez le dije a mi madre lo que sentía con respecto a mi hermano y la decisión que había tomado como madre, pero a ella le dolió mucho lo que le dije. Hoy, con el pasar de los años, ya maduro, amo a mi hermano con todo mi corazón, y haría lo posible para que él pudiera sentir mi cariño cerca de su corazón. Recuerdo de pequeño, jugábamos juntos. Nunca sentí una pizca de celos de su parte. Nunca me reprochó nada, al contrario, me presentaba a todos como su hermanito pequeño. Yo me sentía como tal.

Luego entendí que quise reemplazar amores, cubrir las faltas de cariño que no tuvo y que yo tanto había disfrutado al tener una familia. Necesitaba darle todo el amor del mundo. Pero cuando comencé a verlo meterse en drogas, vi su destrucción. Comenzó a bajar de peso, a verse en condiciones deplorables y a hacer cosas de las cuales se avergonzaba. Pero igualmente, yo había decidido cubrirlo. Sentía que él tenía razones para ser de esa manera. Luego descubrí que estaba equivocado, que uno puede tomar decisiones correctas y esto no depende de tu pasado.

Hace algunos años grabé una canción que se llama «Mi Maestro», y que dice: «de la muerte me libró». Literalmente, Dios me libró de la muerte. Una noche mi hermano me pidió que lo llevara a un lugar porque tenía que buscar unas armas. Él siempre se reía de mí porque decía que yo tenía mucho miedo, pero de alguna manera, cuando estaba con él, me sentía seguro. Él había hecho eso tantas veces y no le había pasado nada, que accedí. Reconozco que esta vez también estaba asustado, pero dije: «Ok, lo voy a hacer».

Lo llevé. Buscamos el encargue con un carro que me prestaban de mi trabajo. Las puso en el baúl del vehículo y le dije: «Te llevo, pero por favor no las saques de atrás. No las saques». Durante todo el viaje de camino a la casa insistió que quería verificar que todo esté en condiciones. Tal fue su insistencia que cuando faltaban unos 10 minutos para llegar le dije: «Pues bien, sácalas». Me metí por un camino bien oscuro para que nadie viera nada, mucho menos la policía. Cuando tomó la ametralladora desde el asiento de atrás y la puso sobre su falda, esta se disparó y las balas pasaron muy cerca de mí.

¡Qué susto tan grande! Recuerdo que él me miraba si estaba bien, porque del miedo me había quedado mudo. Simplemente estaba en shock, solamente lo miraba por el espejo retrovisor. Pensaba que había muerto, porque no escuchaba nada y sentía algo caliente que corría por mi cuerpo. Miré para el techo y vi los agujeros que las balas habían hecho arriba de mi cabeza. Todo esto pasó en cámara lenta. Su mirada, su expresión.

En cuanto pudimos reaccionar nos fuimos de ese lugar porque no sabíamos si vendría la policía a causa del ruido de los disparos. Comenzamos a andar, y cuando encontramos un lugar más iluminado, mi hermano me pidió que me detuviera y me abrazó. Cientos de veces me pidió perdón. Me besaba, me apretaba, buscó si tenía una herida en el cuerpo, se fijo que estuviera bien, y otra vez me pidió perdón.

Lo siguiente era pensar qué le diría a mi jefe en el trabajo al día siguiente, que le había ocurrido al auto, por qué tenía esos agujeros que estaban desde adentro hacia afuera.
Si hubiera sido al revés podía inventar alguna explicación, pero no tenía muchas excusas. Esa noche, después de todo este gran estrés, mientras regresaba a mi casa, me quedé dormido manejando y me fui por el barranco de una montaña. Nada me pasó. Salí corriendo del auto aturdido por los golpes y el gran susto. Me bajé y decidí irme caminando a casa.

Parecía que ese día alguien se había empecinado en matarme. ¿Quién quería hacerlo? Pero... parece que también había alguien empecinado en salvarme... Años después entendí que Jesús «de la muerte me libró».

Llamé a mi hermano y junto a un amigo, sacó el auto de la barranca. Luego me dijo que no me preocupe, que vaya para el trabajo y que lo estacione en el lugar de siempre, que él se iba a encargar de todo. Yo tenía miedo, el trabajo que tenía era muy bueno, era lo mejor que había conseguido hasta ese momento. Para este tiempo en Puerto Rico no pagaban mucho y con ese trabajito podía sostener a mi familia. Al mismo tiempo, quería mucho a la persona con la que trabajaba, es un hombre que respeto mucho, me había dado toda su confianza y no quería decepcionarlo.

Lo siguiente ocurrió cuando salí a hacer un trabajo y necesitaba ir con el auto, lo busqué donde lo había estacionado pero ya no estaba allí. Reportamos que lo habían robado y nadie nunca se enteró de lo ocurrido hasta que este libro sea publicado.

Toda esta experiencia fue una cadena de malas decisiones, pero robar ese vehículo fue una de las peores. Un policía lo encontró, identificó el vehículo y al otro día me llamaron al trabajo y dijeron: «Apareció el carro, y el sospechoso es tu hermano». En ese momento mi hermano no fue preso, porque no pudieron agarrarlo hasta mucho tiempo después. Finalmente fue a la cárcel y estuvo allí por cinco años por ese entre otros delitos...

FUNKY DE AHORA EN ADELANTE

karla a los 3 meses

con karla en marzo del 1995

¿Qué está pasando?

cambio de rumbo

Me gusta · Comentar · Compartir

«Decídete, y agúzate
Tú no puedes seguir al garete
Analízate y examínate
Ya no te muevas más tranquilízate».

No muchos saben el significado de la palabra «al garete» pero está en el diccionario. Cuando se dice: «al garete», indica que una embarcación navega sin rumbo ni dirección, y es movida por el viento o la corriente. Debo reconocer que aunque escribí esta canción mucho tiempo después de esto que quiero contarte, creo que de alguna forma evoca el momento en el que las malas influencias y relaciones complicaban mi vida y por consiguiente la de mi familia. Viví una situación muy fuerte por esto de vivir sin control y sin importarme lo que los demás pensaran.

Mis amigo sabía todo de mí, también sabían que en la compañía donde yo trabajaba había mucho dinero y que una parte se guardaba en el mismo edificio donde yo trabajaba. Un día un amigo comenzó a preguntarme acerca de mi trabajo, y yo en confianza le conté. Luego de escucharme un rato me propuso entrar a la empresa, tomar el dinero y dividírnoslo. Por supuesto que para estas cosas me reconocía muy cobarde, no me atrevía y verdaderamente, jamás pensé que ellos en algún momento lo harían.

Pero una mañana llegué a mi trabajo y durante la noche habían robado. Yo imaginé quién podía haber sido, pero me quedé callado por miedo. Rápidamente busqué a ese amigo y le reclamé por lo ocurrido. Como resultado de esto, la empresa terminó acusándome a mí por este robo. Me arrestaron por haber sido supuestamente cómplice. En verdad, por la misma aprobación, por las reglas de la calle no podía ser un «buchón» «chota», tenía que quedarme callado, y así lo hice. Luego de mi arresto, varios días después empezó el juicio.

Para este momento, la hermana de Lorna, la mamá de mi hijo, me odiaba con todas sus fuerzas. Ella pensaba que yo le había arruinado la vida a su hermana y ella se había propuesto arruinarme la mía. Entonces fue a mi trabajo y dijo que yo había sido el que robó el dinero. Ella se presentó como testigo en mi contra. Por supuesto que era una testigo falsa. Ella no había estado allí, ni sabía quién había robado el dinero, pero había escuchado a su hermana decir que yo sabía quién lo había robado, por lo tanto ella pensaba que yo era cómplice.

Paso seguido, me acusaron y en ese juicio mi mamá entró en una gran desesperación. Tuvo que conseguir 10 mil dólares para pagar a un abogado y así defenderme. En ese momento, Wanda no me quería ayudar porque estaba enojada. Yo le había pedido que testificara diciendo que yo no era ese tipo de persona, que hablara bien de mí, pero no quiso.

El proceso fue difícil. Yo estaba asustado. No había hecho nada. Los días pasaban y el juicio continuaba. Pasaban los

justo antes de mudarme a orlando

Me gusta · Comentar · Compartir

testigos, los interrogatorios, y yo no sabía qué iba a ocurrir. Obviamente, no conocía a Dios, sin embargo le pedía que me ayudara.

Finalmente, la muchacha que testificó, a última hora dijo algo que la incriminaba a ella, ya que para hacer la película más interesante sin darse cuenta se equivocó. Entonces el juez le dijo: «¿Sabes que con esto que estás diciendo te estás involucrando como cómplice? Tienes que conseguirte un abogado». Ahí se asustó y no habló más. Gracias a Dios salí absuelto porque no había pruebas suficientes para acusarme.

Ese fue otro milagro de los que Dios hizo en mi vida y que ahora reconozco, que aún sin conocerlo, me guardó. Recuerdo que el día que me dijeron que era inocente, nació mi tercer hijo, Edwin.

Luego de esta terrible experiencia que no quisiera volver a vivir nunca más, tomé la decisión de que debía cambiar, que no podía seguir así, me estaba metiendo en muchos líos. Ver a Wanda sufrir tanto, y al mismo tiempo a Lorna sola, me hacía reflexionar: «No puedo seguir haciendo esto. Realmente amo a Wanda, y quiero estar con ella, pero debo dejar Puerto Rico para no continuar viviendo una doble vida». También me sentía en deuda con Lorna, porque durante ese proceso, ella estuvo a mi lado y en contra de su hermana para defenderme. Valoré eso y se lo agradecí. Ella sabía que su hermana me detestaba y quería hacerme daño.

Todo esto me llevó a tener una conversación con Wanda en aquel sótano, que era nuestra casa, y le dije: «Si yo te pido que nos vayamos a Orlando. ¿Te vendrías conmigo? Yo quiero cambiar de lugar, de gente». Ella, que me amaba tanto, me dijo que sí. Al siguiente día empecé ese proceso de arreglar todo para viajar a Orlando a buscar otra vida. Creí que esa era la forma correcta de lo que debía decidir. Sabía que uno de mis hijos, Edwin, se criaría lejos de mí, pero era la decisión que debía tomar.

Para ese momento acababa de nacer mi niña hermosa, Karla. En mi corazón anhelaba tener una niña, ya tenía mis dos varones con Wanda, Luis Raúl y Jorge Luis, y mi otro hijo con Lorna, Edwin, pero la niña vino a llenar mi deseo de tener una niña. Durante el embarazo de Wanda no había querido saber el sexo del bebé, solamente tenía la esperanza de que el deseo de mi corazón se cumpliera.

Finalmente nació Karla y al verla tan pequeña e indefensa, aprendí la importancia de valorar a la mujer y de amar más a su mamá. Todas esas emociones me dieron el impulso para viajar a Orlando y comenzar a armar una nueva vida en familia.

A los 4 meses de haber nacido la niña, viajé a Orlando. En primer lugar lo hice yo, con el propósito de buscar apartamento, trabajo y a organizar todo para luego llevarlos a ellos. Wanda me había dado la oportunidad de volver a empezar como familia, sus palabras fueron: «Yo te perdono esta vez, pero nunca más vuelvas a hacerme lo mismo porque no volveré a perdonarte». Al escucharla entendí la importancia de no volver a equivocarme. Mi respuesta fue: «Ahora todo va a estar bien. Vamos a comenzar nuevamente juntos».

Cuando llegué a Orlando, durante uno de los primeros días que estaba allí, llamé a Lorna para saber cómo estaba mi hijo Edwin, y ella me contó que estaba embarazada nuevamente. Esa noticia fue como un balde de agua fría sobre mi cabeza: «¡Ay Dios mío, otra vez!». Yo tenía tan solo 20 años y mi quinto hijo estaba en camino. Minutos después comienza a surgir en mí el fuerte temor de perder a Wanda si se enteraba de este nuevo embarazo.

Lo primero que pensé fue: «No le puedo decir a Wanda esto, ella me dijo que no me iba a perdonar una segunda vez». Entonces... me quede callado.

Seguí trabajando y buscando un lugar donde vivir. No fue fácil encontrarlo, todas las rentas eran muy altas y no contábamos con dinero suficiente para comenzar. Mi padre biológico, que vivía en Orlando, tenía un departamento que terminó vendiéndomelo con un dinero que me madre pudo darme, y el resto de la hipoteca quedó a nombre de mi padre, porque yo no tenía crédito para que el banco me habilite. Así que con la ayuda de mi madre, que puso 15 mil dólares, y el aval de mi padre frente al banco, pude comprarlo con mucho sacrificio.

Una nueva historia de mi vida comenzaría una vez que mi familia estuviera en Orlando. Tenía mucha expectativa de lo que iba a suceder. Era mi oportunidad de no seguir «al garete», había tomado una decisión y la iba a llevar adelante. Esa ciudad fue fundamental para la cita que Dios tenía conmigo.

Todo en la vida requiere de una decisión. Dios no hará nada a menos que tú te muevas. Él es un caballero y no va a irrumpir en tu vida si no lo invitas. Aunque mi encuentro con Dios no fue inmediato, el decidir por Orlando como mi ciudad para vivir fue determinante para mi conversión.

FUNKY DE AHORA EN ADELANTE

con karla y dariana

¿Qué está pasando?

todo sale a la luz

Me gusta · Comentar · Compartir

Todo parecía comenzar a ordenarse en el trabajo y con el tema de la vivienda. Ya tenía un techo para traer a la familia desde Puerto Rico. Aunque dentro de la casa no tenía nada, debía prepararla para un gran recibimiento. Yo sabía que mis hijos eran fanáticos de los «Power Rangers», entonces fui a un supermercado y con un poco de dinero compré accesorios que tenían los dibujos de esto súper héroes. Todavía no tenían camas, pero su cuarto tenía algo de decoración.

Cuando llegaron a la casa y vieron su nuevo hogar se pusieron felices de contentos. Fue una gran satisfacción para mí, ya que hasta ese momento habíamos vivido en el sótano de una casa. Ese apartamento se había transformado en una mansión para nosotros, aunque no era lujoso. A Wanda también le encantó y la animó a pensar a partir de ese día las cosas irían bien, que debía seguir adelante en el proceso de la nueva vida en Estados Unidos.

Ante tanta alegría, debía ser sincero y en lo secreto de mi corazón existía mucho dolor. Wanda no quería saber nada de mi hijo con Lorna y tampoco sabía lo del hijo que estaba en camino. Aunque podía llamar a Edwin a Puerto Rico y recibir sus fotografías, tenía que hacerlo a escondidas de Wanda. Cada vez que hablaba de él, había un conflicto, una pelea que sacaba a la luz nuevamente todos mis errores. Era la oportunidad para volver a echarme en cara lo que había hecho mal: «Tú me fuiste infiel», y así iniciaba una larga discusión. La mejor manera de herirme era recordarme a ese hijo que tenía tan lejos de mí.

Al estar todos juntos viviendo en Orlando, pensé que el secreto de mi segundo hijo con Lorna estaría bien guardado, pero... empezaron a llegar rumores desde Puerto Rico y al enterarse, rápidamente Wanda vino a preguntarme: «¿Es tuyo?». Me acobardé y lo único que dije fue: «¿Que te pasa? Yo estoy aquí, contigo». En verdad ella no sabía cuántos meses de embarazo tendría Lorna...

Pero tenía un gran cargo de conciencia por no atreverme a decir la verdad. Siempre tuve la buena intención de arreglar las cosas, pero era necesario un verdadero perdón. Todo en mi vida estaba emparchado. Era como querer tapar un roto en la pared poniendo un cuadro por encima cuando no se había reparado lo que estaba abajo, solamente se había escondido.

Por un tiempo dejé de ir a Puerto Rico. Mi mamá venía cada 6 meses a visitarnos. Pero nació Dariana y me llamaron para avisarme. No dije nada a nadie y mi conciencia me estaba matando. Saber que mi quinta hija había nacido y no poder estar ahí para verla, era un gran peso, yo no podía vivir con esa carga.

Siempre, aun siendo tan jovencito, me había hecho cargo de todos mis hijos, pero de esa hija aun no había podido hacerlo, pensaba que si Wanda se enteraba perdería todo lo que estaba construyendo en mi familia, y que ella nunca más me perdonaría. Corría el alto riesgo de que Wanda se fuera.

Para este tiempo, Lorna estaba rehaciendo su vida con otra persona, realmente ya no quería saber nada más conmigo. En una conversación telefónica me dijo: «La niña ya nació ¿Cuándo vas a venir a verla?». Tuve una lucha grande pero no resistí más. En cierta manera, pudo más el amor de papá que el de esposo y sin decir nada, me fui a Puerto Rico a conocer a mi hija. Wanda ya lo percibía y lo sospechaba.

Regresé a Orlando y el tiempo pasó, pero seguí viendo a algunos amigos nuevos con quienes salía y así volví nuevamente a mis andadas. Los fines de semana eran noches de discotecas. Mis amigos rapeaban y me animaban a salir con ellos. Siempre me daban el micrófono y me hacían participar. Para ellos era el artista del grupo. Esa búsqueda de aprobación que siempre necesité la encontré en ellos. Todos querían estar conmigo.

Empecé a vivir como un muchacho, y en verdad tenía solo 21 años. Aunque realmente no volví a involucrarme en relaciones con otras mujeres, me gustaba salir y bailar con mis amigos. Era por eso que cuando Wanda me peleaba yo no entendía por qué lo hacía, ya que yo no estaba viendo a otra mujer, ella era la única. Tantas eran las discusiones entre nosotros que sentía que ella me fastidiaba y pensaba: «No se cansa, sigue con lo mismo», entonces me volví indiferente.

Para ese tiempo conocí a Freedom en Orlando. Tiempo después se convertiría en mi gran amigo. Él era bailarín del grupo de Vico C y fue el primero en hablarme de las cosas de Dios. Una noche fui a un concierto y lo vi bailando, lo reconozco como uno de los bailarines de Vico C y me acerco a saludarlo. Yo conocía todo lo que rodeaba el mundo de Vico C, era mi ídolo musical. Sabía quiénes eran sus músicos, su DJ, y conocía todo lo que giraba a su alrededor. Así fue que reconocí a Freedom, aunque ese día no estaba bailando.

Como dije antes, y aunque pienses que no parecía, yo era muy tímido, sin embargo me atreví a acercarme y saludarlo. Quería conocer a Vico, y sabía que Freedom podía ser una puerta para llegar a él. Esa misma noche lo conocí. Cuando se acabo el concierto, Freedom me dijo: «Vente pa` que lo conozcas». Me llevaron a la parte de atrás, y ahí saludé a Vico. Estaba súper nervioso. No sabía qué decir. Recuerdo que era un evento cristiano y Vico estaba cantando canciones cristianas.

Ahí empecé a conocer un poquito acerca de Dios a través de las canciones. Ese día me di cuenta que sus letras no eran solo bonitas y positivas, sino que a través de ellas Vico expresaba la experiencia que estaba teniendo con Dios.

Freedom también acababa de mudarse a Orlando y estaba buscando una barbería. Yo tenía una donde me gustaba cómo me cortaban el pelo y le ofrecí acompañarlo. Así comenzó nuestra amistad hasta el día de hoy, que es mi mejor amigo.

Las constantes peleas de Wanda y mi deseo por conocer gente nueva me llevó a enviciarme con las discotecas. Siempre le pedía a Freedom que me acompañara, pero él se negaba porque decía que era cristiano.

Reconozco que en ese tiempo tuve un cambio de lugar pero no de actitud. Me mudé de Puerto Rico a Orlando, y durante un período estuve bien, pero aún no había tomado «La decisión» más importante de mi vida.

«Dios, tú conoces mi insensatez, y mis pecados no te son ocultos» (Salmo 69:5 RVR1960).

No sé a cuántos les habrá pasado lo mismo, pero a medida que he ido estudiando la Biblia, descubrí que muchas de las cosas que dice, ya las había escuchado o las había experimentado, aun antes de ser cristiano. Este es el caso del Salmo 69:5. Por más que uno trate de ocultar las cosas, tarde o temprano se descubren. De hecho, en este libro hay muchas cosas que van a salir a la luz. Pero sé que Dios no lo hace para avergonzarnos, pero si para enseñarnos. Y de eso hablaré en el próximo capítulo…

karla y dariana

Me gusta · Comentar · Compartir

FJNKI DE AHORA EN ADELANTE

con mis amigos
freedom & alberto

¿Qué está pasando?

lo que veo se escucha muy fuerte

Me gusta · Comentar · Compartir

«Oye Bartolo ¿o te peinas o te haces rolos?
Dime ¿A ti te gusta el blanco o el rojo?
Reacciona es tiempo de que tú abras las ojos
Mi hermano y dejes de andar como el cojo
Pues tú te motivas pero eso es por periodo
Un día eres oveja y otras veces eres lobo.
Broky perdona si con esto te incomodo,
Pero flojo allá arriba ya te tienen en remojo»
«Decídete».

Siempre que podía, mi amigo Freedom me hablaba de un mensaje que yo no entendía, no entendía qué significaba ser cristiano. Así que todos los viernes, sábados y hasta domingos me iba a las discotecas. Salía con un grupo que tenía mucho dinero, buenos autos, y como mencioné en el capítulo anterior, me habían adoptaron como el artista del grupo. Ellos conocían mi creatividad para con la música. En mi deseo de ser aceptado y reconocido, me llevó a pegarme cada día más con esta gente, que por supuesto, no fue muy buena idea.

Freedom estaba casado y una noche fui a visitarlo a su casa. Uno de mis amigos me había prestado un BMW último modelo, y fui a la casa de Freedom a buscarlo. Cuando su esposa no nos escuchaba le pregunté:

—Vámonos para la discoteca.

—No, muchacho, yo no voy a las discotecas, voy a la iglesia.

—Bueno, si no quieres venir…

Para despedirme me acompañó hasta la puerta de su casa, y cuando vio con el carro con el que andaba, dijo: «Wow, ¡Estás montao!». A él también le gustaba mucho el «Faranduleo». Miró para adentro de su casa, y vio la oportunidad que tenía de andar en el BMW, entonces me dijo: «Espérate». Ese día vino conmigo. Fue el primer día que salimos juntos. Para ese momento yo no le encontraba nada de malo en salir. Llegamos a la discoteca, los muchachos amigos míos me saludaban, me ofrecían tragos, y todo el mundo me celebraba al llegar.

Al principio, Freedom miraba para todos lados, y yo le presentaba a mis amigos. Cuando le ofrecían de beber, él decía: «No, yo no tomo», y seguía disfrutando la noche. Al rato veo que Freedom empieza a moverse, porque era bailarín. La música empezó a soltarle la pierna, a mover la cadera y en un momento me preguntó: «¿Qué estás tomando?». Y yo le dije: «Tómatelo tú». A los 20 minutos Freedom estaba en el centro de la pista sin camisa bailando como un loco. A las 2 de la mañana cerraron la discoteca y nos fuimos. Lo llevé a la casa y estaba súper emocionado.

Lo gracioso fue que la excusa que le dio a su esposa para poder salir conmigo esa noche, fue que íbamos a trabajar y le estaban pagando unas horas extras. El tema era que regresaba a la casa sin en el dinero, entonces su esposa, a quien cariñosamente le decimos Chispi, empezó a preguntarle dónde estaba el pago que debían darle. Ahí comenzaron los problemas con su esposa y ella no quería que estuviera conmigo. Todavía Chispi sigue esperando el dinero. ☺

Era muy gracioso lo que ocurría cada fin de semana. El viernes y sábado salíamos y volvíamos de madrugada. El domingo no lo veía y cuando el lunes volvíamos a encontrarnos me decía: «Hermano, tú tienes que cambiar. No puedes seguir así. Dios quiere cambiar tu vida. Él puede hacerlo como lo hizo conmigo».

Mi canción dice:

«Oye Raymundo
¿Cómo quieres rescatar al mundo
si tú mismo no tienes ni rumbo?

Después que predicas un mensaje profundo
Entonces vienes con la misma actitud del mundo
Deja que te explique ¿quieres que el mundo se identifique?

Tienes que vivir lo que prediques
No te justifiques cuando testifiques
Simplemente vive la vida y no te compliques

No juego con fuego pues me voy a pique
Que no vaya a ser que eso me descalifique
Sigo haciendo música que edifique
Y a través de ella el Señor se glorifique».

Llegó un momento, después de tantas veces que me lo decía, que le pregunté: «Freedom ¿de qué cambio me estás hablando? Si tú haces las mismas cosas que yo hago. ¿Qué es lo que Dios te cambio a ti? Si yo veo que eres igual que yo. ¿Para qué yo voy a ir a la iglesia? ¿Cuál es el cambio del que me estás hablando? Realmente, no entiendo nada». De cierta manera le estaba diciendo: «Chico, decídete».

> «¡Alerta roja! Que por ahí andan los anfibios
> los que hoy están caliente y mañana están tibios
> perdonen si los fastidio
> pero mañana van a estar pidiendo auxilio
> porque entran y salen, salen y entran
> realmente no saben dónde se encuentran
> no tienen en cuenta que mientras ustedes experimentan
> no saben a lo que enfrentan.
>
> Si hoy estás frío y mañana caliente,
> Socio vas a confundir a la gente.
> Un día caliente y otro día frío
> Si tú sigues así vas a terminar en lió.
> Si hoy estás frío y mañana caliente,
> Socio vas a confundir a la gente.
> Un día caliente y otro día frío.
> Te metiste en tremendo lió por eso...
> Decídete».

Queremos que la gente haga lo que nosotros decimos pero no lo que hacemos. Como líderes nos paramos al frente y no entendemos que nuestra responsabilidad no es hablar bonito. Tenemos un mensaje preparado que debe ser expuesto con nuestra propia vida. Como padre he aprendido que si quiero que mis hijos hagan lo que digo, tengo que hablarles fuerte pero no con la boca sino con mis actos. Quiero que hagan lo que digo porque ven lo que hago...

La música se convirtió en mi pasión, ya me había metido en tantos problemas a causa de las mujeres que no quería tener nada que ver con ellas. Pero Wanda no toleró mis salidas y mis amigos. Un día, mientras me encontraba en mi trabajo, se fue de casa sin decir nada.

¡Qué desesperación! Wanda se había llevado a mis hijos y lo que es peor, no sabía dónde estaba, solamente encontré una nota escrito con lápiz de labios en el cristal del baño que decía: «Ahora puedes disfrutar todo lo que quieras». Al ver la casa vacía surgieron varios sentimientos, el primero fue pensar en mis hijos, pero por otro lado creí que estar sin

Wanda sería mejor, sin embargo no fue así, fue un tiempo horrible. Me quería morir. Nunca antes había tenido esa sensación.

Wanda y mis tres tesoros, especialmente la nena que tanto estaba disfrutando y que me había cambiado la vida... ya no estaban. No encontrarlos ni saber dónde estaban, me hizo volver loco. Empecé a llamar a todos lados. Nadie sabía de ella ni siquiera mi mamá. Wanda y los niños habían desaparecido de mi vida. En ese momento, aunque no conocía a Dios, solamente sabía lo que mi amigo Freedom me había dicho, comencé a hablar con él. Recordé que todas las noches mi abuelita se iba a un rincón de la casa a rezar.

Durante 3 ó 4 días no supe nada de mi familia. Estaba sumergido en la tristeza y la soledad. El quinto día me levanté y pensé: «O me muero o me voy a disfrutar la vida». Llamé a todos mis amigos para que vinieran a mi casa e hicimos una fiesta. Cuando todos se fueron, nuevamente lloré en mi soledad. Así una y otra vez. Traté de adormecer mi tristeza con fiestas y alcohol... pero no pude continuar. La tristeza me había quitado hasta el apetito, solamente vivía a café. De pronto, por momentos aparecía una prima en mi casa para llevarme comida. Tiempo después supe que la mandaban mis padres para que verificara si yo estaba bien y si comía algo.

Sospechaba que mi familia estaba en Puerto Rico, pero no podía viajar porque tenía que trabajar. Durante una semana ahorré un poco de dinero, compré el boleto y me fui. Abandoné el trabajo, el carro, la casa, todo, y me fui a buscarlos. Luego me enteré que durante todo ese tiempo Wanda había estado en la casa de mi mamá, quien la protegió y cubrió a mis hijos. Cuando llamaba a mi mamá desde Orlando llorando por mis hijos, a ella se les partía el corazón, pero Wanda le había dicho que si me decía que ella estaba allí, nunca más volvería a ver a sus nietos.

El mismo día que Wanda se enteró que viajaba a Puerto Rico, recogió todo, y se fue para la casita que había sido de mi abuela y que ahora estaba vacía. Finalmente llegué a Puerto Rico y la busque, la busque… realmente extrañaba a Wanda y a los niños. Yo sabía que la amaba.

bromeando con freedom y cum, los bailarines

Me gusta · Comentar · Compartir

FUNKY DE AHORA EN ADELANTE

¿Qué está pasando?

recuperar lo perdido

Me gusta · Comentar · Compartir

Haber confirmado que la había traicionado nuevamente fue una de las principales razones por la cual Wanda se fue de casa. La segunda razón era saber que me comunicaba con mis hijos a escondida de ella. Reconozco que Wanda siempre fue muy madura. Se hizo cargo de los niños aún siendo tan jovencita y casi sin apoyo de su familia. Necesitaba que mi familia regresara conmigo.

Cuando estaba para viajar a Puerto Rico a recuperar a mi familia, mi hermano José Raúl, por parte de mi padre, me llamó y me dijo que tenía un amigo que quería hacer un disco de rap, si yo me atrevía a ponerle la voz y escribirle algunas cosas. Como paga de ese trabajo recibiría unos 5 mil dólares y que la grabación sería en Puerto Rico. Esta era la excusa perfecta para viajar.

Cuando llegué a mi cuidad me apuré a hacer mi trabajo con el disco. Esta gente me había adelantado el dinero y debía cumplir con mi parte del trato. Trabajé mucho junto con un amigo para hacer el disco, y en una semana lo terminamos. Me interesaba mucho hacer este trabajo porque uno de los temas que incluía era una canción que le había escrito a Wanda pidiéndole perdón. Un día, mi mamá invitó a Wanda a la casa, y yo estaba allí. Disimuladamente puse la canción para que ella la escuchara... pero su corazón estaba tan lastimado que no permitía que ingrese una dosis de amor.

Todos los días me permitía visitar a los niños en aquella casita antigua de mi abuela. Ellos nunca se dieron cuenta de lo que estaba ocurriendo. Wanda nunca les habló mal de mí. Inicialmente el departamento de Orlando había quedado cerrado por unos días, finalmente terminaron siendo meses. Todo lo que estaba en la nevera se descompuso porque habían cortado la luz por falta de pago. El automóvil que me había comprado con tanto sacrificio, y que había dejado estacionado en la puerta del apartamento, al regresar ya no estaba, el banco se lo había llevado porque había dejado de pagar las últimas cuotas.

Luego de ese tiempo, y sin reconciliación con Wanda, regresé a Orlando. Finalmente habíamos llegado a un acuerdo. Pasados unos meses, ella regresaría para inscribir a los niños en la escuela de Orlando, ya que no estaba conforme con las escuelas que había en Puerto Rico. Únicamente por esto volvió a casa, pero dijo: «Yo regreso, pero no porque te perdono, sino porque quiero inscribir a los nenes en la escuela». Sea por el motivo que fuera, el que ellos regresaran, para mí fue una alegría. Pero Wanda ya no era la misma. Antes toleraba todo. Ahora estaba distinta, rebelde, enojada. Ella sabía que no me gustaba el pelo corto, y se lo cortó.

Corría agosto de 1997 y a causa del disco que habíamos hecho, me pidieron que los ayude en la promoción. Esto representaba ir a discotecas y conciertos para hacer presentaciones. Entonces, para hacer «buena letra» frente a Wanda, la invitaba a que me acompañara a los eventos. A ella no le gustaba mucho, pero yo igualmente la llevaba.

Deseaba que Wanda volviera a enamorarse de mí. Tal vez al ver que era reconocido y que tenía un video... tal vez podía reconquistarla. Quería cambiar, pero necesitaba de una fuerza mayor que la mía para poder hacerlo. Con la intensión no alcanzaba.

Todos mis amigos y familia sabían que amaba la música. Era un gran admirador de mis ídolos musicales, entre ellos, el más reconocido era Vico C. Escuchaba siempre su música y estaba atento a todo lo nuevo que estaba por salir. Un tiempo antes de todo esto, Vico C comenzó a escribir canciones con un mensaje muy diferente.

Una de esas canciones nuevas que escuché de Vico C se llama «Necesitamos de él», tiempo después terminé grabándola en mi segundo CD. Todavía recuerdo cuando la escuche por primera vez. Era un CD que solamente tenía dos canciones. Lo compré, subí al carro y esperé escucharla completa antes de conducir.

Esta decía así:

«*Sabes muy bien que muchas veces*
cuando tenemos problemas terminamos
fumando, soñando. Ay, Ay, Ay (marihuana, marihuana)
Y sabes también que muchas veces
cuando queremos gozar
terminamos oliendo, sufriendo otra vez.
(Cocaína, cocaína)
Tonterías que nunca nos pueden llenar no es la forma
de nadie poder olvidar,
y todos buscan la forma de cómo encontrar
la manera de ser feliz».

Entonces continúa el coro diciendo:

«*Necesitamos de él, necesitamos del amor*
que nos da en su corazón.
Necesitamos de él, solamente debemos pedir
en el nombre del Señor.
Necesitamos de él.

*Yo necesito hablar con él para poder tener perdón.
Necesitamos de él
Es el único camino para tener la salvación».*

La segunda canción es «Humolandia» y uno de los versos decía:

*«Yo no te vengo a imponer doctrinas
pero de lo que te hablo se oye en cada esquina.
Chupando la pipa, tu alma perece,
pero todo lo puedo en Cristo que me fortalece.
Así que digo, Santo Dios, dile Señor,
que tú eres el juez, que te tengan temor
que vendiendo marihuana no podrán establecer
una mente capacitada que los haga crecer.
Pues quieren el dinero, porque quieren el poder,
y no saben que el infierno es que van a tener.
No te equivoques corillo, que Jehová perdona,
eso es así, después de tu cigarrillo puedes ganar
la corona de la salvación
por lo que siento, y escribo, lo canto, y enseño
pensando en mis hijos poniendo mi empeño».*

Y después dice:

*«Canta este corito mi hermanito
y no llores aunque tu vida la controla el crack,
es un cosa mental así que no demores».*

Aunque la droga no era parte de mi vida, esta historia cantada era parte del mundo que me rodeaba. Cuando lo escuché cantar esa canción, mi fanatismo por él creció. ¡Vico pensaba como yo! Las drogas no eran buenas. Ya había visto lo que producían en la vida de mi hermano. Antes Vico cantaba canciones para bailar y brincar, pero de pronto escribía temas como este, que decía algo así:

*«Él quiere saber si ese día llegará
Cuando tú te arrepientas.
El momento en que no mientas ya.*

> *Siente tu desprecio a través del corazón,*
> *porque él sigue esperando porque*
> *a ti te puso en la misión.*
> *La misión de convencer, y todo por tu bien,*
> *es que yo sé que nadie te ama como él.*
> *Y jamás encontrarás, es bondadoso*
> *y nunca te defraudará».*

En ese momento yo no lo entendía, porque no era específico. Pero al final decía:

> «*Así que piénsalo, piénsalo muy bien.*
> *Para vivir, para cantar, para reír también.*
> *Así que ámalo, ámalo con fe,*
> *porque esa vida que tienes hay que echar un pie.*
> *Así que síguelo, síguelo, y nada más.*
> *Es la forma más directa de tener la paz.*
> *Así que siéntelo, siéntelo con amor,*
> *y este coro va con fuerza para ti Señor».*

Aunque no entendía, la escuchaba y la sabía. Al poco tiempo presentó el nuevo disco que se llama «Con Poder», que tenía una canción que se llamaba «Sin semilla», y decía así:

> «*Yo soy la reacción del sin semilla,*
> *terreno donde no han podido sembrar*
> *el sin semilla que les voy a cantar*
> *es toda la gente que no quiere cambiar.*
> *(...)*
> *Es de la buena, la buena, y es la dura, la dura,*
> *no de la mala, la mala, como la tuya, la tuya*
> *(...)*
> *pero que mucha fue la gente que conmigo creció*
> *gente que la buena semilla ha despreciado,*
> *comunidad que por el camino fácil se desvió*
> *y entonces vino el plomo pum y los tumbo».*

Después él toma la parábola de la semilla y la canta, y así dice:

«El que se quedó en el camino, no me entendió.
El que cayó en pedregales, nunca creció.
El que creció entre espinos, se asfixio
pero el que vino de buena tierra su fruto nos dio.
(...)
El que se queda en el camino es el que aunque atiende
el mensaje no entiende, y entonces en vez de buscar lo
que perdió permite que le roben la semilla que recibió.
El que cae en pedregales es aquel que lo recibe y
se lo goza y se lo vive, pero es de muy poca duración,
pues cuando le dicen «Loco» no soporta la persecución.
El que crece entre espinos es aquel que escucha, pero
en su corazón las ambiciones son muchas.
Prefieren mucho más enriquecer
antes de ver el valor de la semilla que hay en él,
Pero el que viene de la buena tierra permanece
en pie, pues a ganado la buena batalla
de la fe por entender que este mundo es pasajero
con excepción de este mensaje que es sincero».

Algo en mi interior me llevaba a pensar en la profundidad de este mensaje. Hablaba del «ir», de «fuego», de «danza», era un lenguaje totalmente distinto. El camino estaba preparado, poco a poco comencé a caminar por él.

FUNKY DE AHORA EN ADELANTE

con wanda, vico c y su esposa sonia

¿Qué está pasando?

el verdadero camino

Me gusta · Comentar · Compartir

Las cosas no habían mejorado en mi casa. Wanda continuaba sin querer saber nada de mí. Mi amigo Freedom me seguía hablando de Dios, pero yo no aceptaba lo que me decía. Aquella pequeña empresa que me había contratado para que lo ayudara con el armado de una nueva producción y un video, estaba creciendo. La música se estaba escuchando y el video que habíamos hecho se estaba viendo en la televisión de Puerto Rico.

Una tarde mi amigo Freedom me llamó y me dijo: «Vico C acaba de mudarse a Orlando. Conseguí su teléfono y sé dónde vive. Vamos a visitarlo. Me dicen que está yendo a una iglesia y está muy metido con Dios». ¡Vico C me dijo..! Iba a cualquier lado con tal de verlo.

Vico nos recibió en su casa, no permitió entrar a la sala, y estuvimos hablando por largas horas. Él dijo reconocerme por el video que tanto se veía en Puerto Rico. ¡Imagina mi emoción! ¡Vico C sabía quién era yo! Poco a poco, luego de algunas semanas de encontrarnos a conversar, Vico comenzó a hablarnos de las cosas de Dios. Un día nos pidió que lo acompañemos a la iglesia. Él era mi ídolo, alguien a quien siempre he admirado, y ahora nos estaba pidiendo que lo acompañemos a un lugar. ¡No podía decirle que no!

Realmente no me interesaba ir a la iglesia, pero estar con Vico, era toda una emoción.

El predicador de esa noche fue John Henry «El Chino» Millán, quien compartió su testimonio. En su charla contaba que había sido parte del cartel de Medellín en su país, Colombia. Aunque su historia no impactaba directamente mi vida porque yo no fui un gatillero ni usaba drogas. Pero antes de finalizar la reunión, hicieron un llamado especial para pasar al frente, y yo sentí algo en mi corazón que me tocó. Un día de enero del 98 tomé la decisión de aceptar a Cristo.

¡Qué miedo tenía de pasar al frente! Me temblaban hasta los dientes… pero pasé. Éramos unas cuatro personas. Al hacerlo, los pastores nos pidieron que subiéramos a la plataforma y nos pusieron de frente mirando a la gente. Esa noche entendí muchas cosas. Todo fue una celebración.

Vico estaba muy contento por mi decisión. Nunca olvidaré la sonrisa de su esposa, Sonia. Ellos se deleitaban al ver la gente aceptar al Señor. Cuando vi sus rostros pensé: «Wow, parece que hice algo bueno, porque están todos muy contentos». Ese día comenzó un proceso interesante en mi vida aunque en mi casa todavía tenía varios problemas, pero sentía en mi interior ese deseo de intentar algo diferente.

Cuando me convertí lo primero que hice fue buscar a Freedom y contarle lo que había hecho. Al saberlo me dijo: «Yo también voy a reconectarme con Dios. Vamos a hacer un pacto de no volver atrás». Y esa tarde lo hicimos.

Tiempo después escribí una canción que se llama: «No vuelvo pa`tras» y que dice:

Me gusta · Comentar · Compartir

«*Yo... no vuelvo pa› tras*
yo seguiré mirando lo que queda al frente,
no importa cuánto falte, voy a continuar
aunque tenga enemigos que quieran pararme
yo sigo mi camino y no vuelvo pa› tras
yo seguiré mirando pal› frente
no importa lo que pase voy a continuar
aunque tenga enemigos que quieran pararme
yo...

Sigo triunfante con mis pasos aplastantes.
Vengo con más fuerza que un mismo elefante,
en esta carrera hay que ser perseverante,
y el que se resbala pues que se levante.
No volver atrás socio es lo importante
yo tengo bien claro que mi premio está adelante.
Voy con paso firme, sigo bien campante
y al que no le guste pues que se me aguante»

El siguiente viernes había un concierto en Orlando con unos raperos de Puerto Rico. Freedom y yo teníamos por costumbre de ir a todos los conciertos pero ya habíamos pactado no volver a las discotecas. Decidí mejor ir a la iglesia con Vico y esa noche escuché predicar por primera vez al pastor Roberto Candelario y me gustó mucho.

De regreso pasé por la casa de Freedom para que me acompañara, y no lo encontré, no estaba allí. ¡Me pareció extraño no encontrarlo! Dentro de mí empezó una lucha, pensaba que Freedom se había ido a la discoteca. ¡No lo podía creer! Él había prometido que no iría, pero fue y me dejó. En verdad mi conflicto no era que se hubiera ido, sino que se había ido sin mí.

Esa noche hice algo loco, le pedí por favor a Wanda que me acompañara a la discoteca a buscar a Freedom, ella no quería y yo le suplicaba llorando arrodillado porque pensaba que si iba con Wanda no sería nada malo hacerlo. Finalmente me acompañó.

Cuando llegamos a la discoteca, empezamos a buscarlo por todos lados. En medio de mi búsqueda me ocurrió algo muy extraño. Comencé a ver imágenes de criaturas demoníacas en medio del lugar. Nunca antes me había sucedido eso. Me asustó verlo. Nunca más lo he olvidado... en medio del humo de la discoteca veía imágenes raras que cubrían las cabezas de toda la gente que estaba bailando en el lugar. Empecé a retroceder hasta que choqué con la pared de la disco. Al verme Wanda me preguntaba qué me pasaba.

En un momento escuché una voz que me dijo: «De aquí te estoy sacando». Sorprendido dije: «¡Dios mío! Este tiene que ser Dios». Tiempo después comprendí lo que esto significaba. Por ser esta la primera semana de convertido... era demasiado.

No encontramos a Freedom en toda la noche. Cuando eran las dos de la mañana se encendieron las luces del lugar para que la gente comience a irse. En ese instante, al que primero que vi fue a Freedom en medio de la pista, oculto detrás de un sombrero, escondido. Había estado allí todo el tiempo, en mi cara, y yo no lo había visto. Cuando me vio, salió corriendo, se fue. Fui tras él para reclamarle, pero sintió tanta vergüenza que ni me respondió. Ese fue el último día que pisé la discoteca.

Así comenzó mi proceso de crecimiento como cristiano. Vico fue mi mentor, no conocía a muchos hermanos de la iglesia ni al pastor, pero con él tenía confianza. Vico comenzó a explicarme muchas cosas de la Biblia, ya hacía algunos años que él había conocido a Dios, aunque durante un tiempo se alejó, pero luego regresó al camino. Al reconectarse con Dios, en un clima de amor, compartió conmigo las enseñanzas del Señor. Así empezó nuestra amistad.

Cuando crecía, mi mayor deseo era conocer a Vico C, para mí, él era el más grande. Sin embargo, luego descubrí que eso solo fue una estrategia de Dios para que lo conociera a él, «El más grande de todos».

FUNKY DE AHORA EN ADELANTE

nuestro primer año de convertidos

¿Qué está pasando?

el poder del perdón

Me gusta · Comentar · Compartir

«Hoy quiero darte gracias por tu fidelidad y comprensión,
pues aunque nunca te di atención
Tú decidiste aceptarme. Estabas allí (en la cruz)
para entregarte como quiera.

De cualquier manera
me enseñaste que tu amor va más allá de lo normal
y es por eso que hoy entiendo que eres especial.

...Tu amor está repleto de perdón y compasión.
Nuestra relación sé que se ha convertido en una bendición.
Hoy vivo agradeciéndote, adorándote,
por el resto de mi vida voy estar amándote.
No me arrepiento de haberte aceptado,

...Lo que tú me has dado me ha llenado,
pues has borrado mi pasado.
Quiero agradecerte todos estos años que hemos compartido

y porque aun estás conmigo, estoy agradecido.
Es increíble que a pesar de todos mis defectos
Tú me entregaste tu amor perfecto».

«Quiero Darte Gracias»
[álbum: funkytown - 2001]
@FunkyPR

En varios mensajes había escuchado acerca del perdón de Dios, pero me costaba aceptar que me había perdonado. En mi casa seguía escuchando las mismas peleas y aunque Wanda me acompañaba a las reuniones, no creía en mi conversión.

¡Dios se las sabe todas! ☺ La iglesia fue un canal de amor para nosotros y nuestros hijos. Mi esposa es de esas mujeres que si amas a sus hijos, la desarmas. Llegar a nuestra iglesia y encontrarnos con personas que nos abrazaban y nos llenaban de amor, fue fundamental para nosotros. Todas esas experiencias fueron ministrando la vida de Wanda. Poco a poco se fueron derribando todas las barreras y muros que distanciaban su vida del amor de Dios.

Los niños participaban de las enseñanzas de la Palabra en las clases dominicales. Cuando esta finalizaba regresaban contentos, con dibujos maravillosos queriendo contarnos qué habían aprendido ese día.

Luego de 4 ó 5 meses de congregarnos, una mañana el pastor predicó acerca del perdón. Fueron de esas prédicas tan reales que pareciera que el predicador hubiera tenido una cámara en tu casa y todo lo que decía era lo que te ocurría a ti. Al escuchar esas palabras Wanda tomó la decisión de perdonar.

Hoy tengo por seguro que el perdón no libera a la otra persona, sino te libera a ti. Debes perdonar porque es necesario para ti, para tu bienestar. Ese día mi esposa comprendió esa verdad. Ella vivía amargada, no era feliz. Cada día me reclamaba lo que había hecho con el único propósito de hacerme daño con sus palabras. Pero luego entendió que era a ella misma a quien estaba dañando. Decidió dar un paso al frente y aceptar el llamado.

Lo que ocurrió en el automóvil de regreso a casa fue lo más sorprendente. Mientras manejaba mi viejo auto, ella me dijo: «Quiero que sepas que yo te perdono, y que perdono a la mamá de tus hijos. A partir de hoy quiero que tus hijos conozcan a sus hermanos y compartan tiempo juntos». Al oírla me quebranté, y mientras lo escribo en estas páginas, vuelvo a quebrantarme. Sé que ese fue el día en que hubo verdadera liberación, cuando ella me sacó de la cárcel del rencor y yo entendí la magnitud de lo que era Dios.

Sabía que Dios era grande, pero luego de esto, comprendí su verdadera dimensión por el tremendo cambio que estaba haciendo en mi vida y en el corazón de Wanda. Pero todavía me sorprendió más cuando además dijo que quería pedirle perdón a Lorna, la madre de mis dos hijos. Mi respuesta fue: «Pero… tú no tienes que pedirle perdón a ella, no le hiciste nada». Sin embargo, Wanda sentía en su corazón que tenía que hacerlo. Creo que ella me hizo entender un poco más lo que hace Dios con nosotros cuando nos perdona. Su decisión fue palpable y real.

Mi corazón saltaba de alegría por lo que estaba viviendo. Por un lado estaba contento porque Wanda quería que mis hijos de Puerto Rico compartieran tiempo con mis hijos en Orlando, pero por otro lado se me caía la cara de vergüenza de que Wanda llamara a Lorna y hablara con ella. Sin embargo, yo sabía que si ella veía una buena actitud en Wanda, podría tener a mis hijos cerca y confiárnoslo enviándolos por un tiempo a Orlando.

Cuando llegamos al apartamento, Wanda llamó a Lorna y le dijo: «Quiero pedirte perdón por cualquier daño que te haya hecho. Me gustaría que tus hijos compartan tiempo con mis hijos, que se conozcan y vivan lo que realmente son: hermanos. Yo los invito a nuestra casa. Te pido que no tengas temor, nadie les va a hacer daño, yo amo a mis hijos y nunca le haría nada malo a los tuyos».

Imagínate cómo estaba yo, bebiéndome hasta la última gota de mis lágrimas, nervioso por la situación, pero feliz. Yo sabía que pronto mis hijos vendrían y podría pasar tiempo con ellos, como nunca antes lo habíamos hecho. Esa ha sido una de las cosas que me he reprochado, y fue el tiempo que no pude pasar con mi hija pequeña. ¡Por fin podría amarla y abrazarla! No mucho tiempo después, ese mismo verano, mande a buscarlos.

Desde el primer día que llegaron a casa, nunca me he dejado de sorprender la forma en que Wanda trata a Edwin y a Dariana. Ella es una tremenda madre y amó y aceptó a mis otros hijos como si fueran de ella también. A partir de este tiempo comenzaron a visitarnos en Orlando a menudo.

Hoy declaro que le soy fiel a Wanda no por miedo a perderla, sino porque estoy agradecido de su perdón. A veces le somos fieles a Dios por miedo y no por agradecimiento. Pero la realidad es que si le fallamos, él nos vuelve a perdonar, pero… ¿para qué fallarle si ya te perdono?

Luego de este gran cambio la familia ha tenido una relación increíble. Mis cinco hijos se quieren, se abrazan, se extrañan. Al principio, mi pequeña Karla puso un poco de resistencia, ella siempre había sido la más pequeña y la única nena, pero ahora se agregaba Dariana, hoy son inseparables.

Algunos años después, me tocó vivir algo que nunca pensé que llegaría: la confrontación de mis hijos adolescentes. Todos ellos, los cinco, estaban en mi habitación, y como las 2 de la mañana, mientras estábamos mirando televisión y riéndonos quisieron conversar conmigo y preguntarme lo que querían saber.

El mayor de mis hijos, Luis, se levantó y se fue, pero los otros cuatro se quedaron. Estuvimos como hasta las 5 ó 6 de la mañana hablando. La conversación fue interesante. Al

mis hijos

Me gusta · Comentar · Compartir

una de mis fotos favoritas!

principio era un choque de emociones de ambos lados, por un lado estaban Karla y Jorge, y por el otro Dariana y Edwin. Cada uno de ellos quería saber el porqué de lo que había pasado, y Edwin y Dariana necesitaban saber: ¿Por qué le hiciste esto a mami? ¿Por qué escogiste a Wanda?».

Era mi oportunidad de hablarles y asegurarme que entendieran lo que sentía, mis equivocaciones y errores, y mi arrepentimiento. Fue una de las conversaciones donde más nervioso me he sentido en mi vida. Me sentí desnudo. Esa conversación me confrontó, y tuve que ser lo suficientemente hombre como para enfrentar sus preguntas. Ellos necesitaban respuestas y yo debía responderles.

Nunca más me han vuelto a preguntar nada. El tema quedó resuelto. Mis hijos Edwin y Dariana, saben que aprecio y respeto a su mamá. Creo que ella es una mujer muy valiosa, y que ha hecho un gran trabajo con los niños, pero que

mis hijos

Me gusta · Comentar · Compartir

mis «ya no tan» babies

Wanda es la mujer de mi vida y forma parte del plan de Dios. Lorna hace muchos años que se casó. Tiene un matrimonio feliz y una hermosa hija, fruto de esa pareja.

jorge y edwin

mis hijos trabajando

Me gusta · Comentar · Compartir

FJNKY DE AHORA EN ADELANTE

mi primer concierto con vico

¿Qué está pasando?

¡tengo tanto que aprender!

Me gusta · Comentar · Compartir

En mis comienzos como cristiano Vico C se había transformado en mi guía espiritual. Mi deseo por conocer de Dios me llevaba a preguntarle y a investigar de la Palabra. Entonces iba a la casa de Vico, nos sentábamos a estudiar y me explicaba: «Porque la Biblia dice aquí...». Así empezó el proceso de mentoría para mi vida.

En ese tiempo tenía un trabajo súper bueno, ganaba mucho dinero. Recuerda que yo no he estudiado, sin embargo me pagaban muy bien, por eso lo cuidaba como si fuera un gran tesoro. Un mañana sin más, me despidieron. Para mí fue muy duro. Llevaba muchos años en ese lugar. Inmediatamente fui a buscar a Vico y llorando le dije: «Me botaron del trabajo». Él me miró, se sentó y comenzó a reírse. Yo no entendía de qué se reía, y le dije: «Pero hermano, yo estoy con las lagrimas en los ojos y tú te estás riendo». Entonces se puso serio y me dijo: «Bienvenido a los caminos del Señor. Todavía falta más». Así empieza a explicarme que cuando uno toma decisiones van a venir ataques, a poner en duda lo que hicimos, a ver si estás en lo correcto.

Con el tiempo conseguí otro trabajo, debía mantener cinco hijos. Sin embargo, dentro de mí había un deseo, sentía que era el tiempo de que Vico hiciera un nuevo disco y yo ser parte del mismo proyecto.

Un día, me sentía enojado con Dios y en una oración específica le dije: «Señor, te voy a decir una cosa, quiero que aclares qué es lo que estoy sintiendo. Hay un deseo en mí de trabajar con Vico en una nueva producción, pero Señor, tú sabes que no quiero que sea por emoción. No sé si esta voz en mi interior proviene de ti o del enemigo. Necesito que me confirmes».

Luego de 45 minutos de hablar con Dios, le pedí que me guiara a tomar una decisión. De pronto se me acerca una persona y me dice: «No tengas miedo, toma esta decisión. Dios está contigo». En ese momento dudé, quizás mi expectativa era que Dios viniera directamente del cielo con un carruaje y un vestido blanco resplandeciente, y me lo dijera. Pero el deseo del corazón era como que… y bueno, lo hice. Cuando se lo comenté a Wanda, por poco se muere. En ese tiempo ella no trabajaba y nuestra duda era cómo íbamos a vivir.

Cuando decidí dedicarme al armado del proyecto con Vico, Wanda tuvo que buscar trabajo. Comenzó haciendo la limpieza en un hotel. Regresaba a casa tan cansada, que se me caía la cara de vergüenza. Ella iba al trabajo y regresaba caminando. En el rostro se le notaba el agotamiento. Por dentro decía: «Dios mío, ¿Qué estoy haciendo?».

Los tiempos se pusieron cada vez más difíciles económicamente. No había mucho para comer en nuestra casa ni en la de Vico. En oportunidades aparecieron amigos y nos dejaban bolsas con comida. Pero nosotros seguíamos firmes con nuestro sueño.

Para ese momento teníamos un autito que lo había comprado antes de tomar esa decisión. Como Vico no tenía y vivía bastante retirado de nuestra casa, a veces me tocaba ir a su casa a trabajar, y otra él venía a la mía porque yo debía quedarme con mis hijos mientras Wanda trabajaba. Luego debía llevarlo de regreso a su casa o se llevaba el auto para regresar en la mañana siguiente. Lo mismo hacíamos para ir a la iglesia y poder ayudar a Vico para que llegara allá con su familia. No entrabamos todos en el carro al mismo tiempo, así que salía de mi casa, dejaba a Wanda con mis hijos en la iglesia, para luego ir a la casa de Vico y llevarlo a la iglesia con su familia. Lo hacíamos varias veces por semana.

Trabajábamos en un espacio pequeño. Teníamos unos pequeños parlantes que mi papá Raúl me había regalado. Era lo único que había junto con el tecladito que nos había regalado la iglesia y que Vico no sabía usar muy bien. Una tarde me lo llevé a mi casa juntamente con el manual de instrucciones que era más grueso que una enciclopedia. Y así, sin ningún tipo de experiencia previa empecé a hacer mis primeros arreglos musicales. El disco estaba en marcha, y obviamente Vico si tenía mucha experiencia haciendo sus arreglos, así que juntos trabajamos en el proceso, pero no teníamos nada de dinero.

Al principio, aunque asistía a la iglesia y sabía lo que era orar, no entendí la otra parte donde debía orar para todo. Aprendí de Vico que debía orar antes de empezar a trabajar en una sesión de estudio. Él cerraba sus ojos, ponía su mano sobre el piano, y declaraba: «Señor, que cada tecla que toque, que cada sonido que salga por estas bocinas, atraviese el corazón del joven para que cambie y sea transformado». Las primeras veces que vi a Vico orar así me quedaba mirándolo. ¡Wow… me impactó! Fue una enseñanza increíble para mí, especialmente en el momento que nada me salía.

No había suficiente dinero en casa y nos retrasamos en los pagos de la hipoteca del apartamento. Luego de cuatro meses de falta de pago el banco puede quitarte tu casa. Al enterarse mi papá de que no había pagado las cuotas me llamó para reclamarme, puesto que aún el lugar y los pagos estaban a su nombre. Había días de gran desesperación. Mi papá me decía: «Tienes que dejar la música. Desde chiquito estás con lo mismo. Tienes que ver eso como un hobbie. Búscate un trabajo». Por otro lado, mi mamá me decía lo mismo: «¿No quieres ensuciarte las manos? ¿Quieres la vida fácil?». Teníamos ataques de todos lados, por eso decidimos no pedirles más ayuda.

Para ese entonces Vico era un cantante reconocido, aunque en verdad no tenía dinero y vivía de las regalías de sus discos anteriores, con eso comía y pagaba la renta. Pero un día Vico supo que estábamos muy mal con nuestras cuentas, entonces fue a ver a nuestro pastor y le dijo: «Este muchacho que me está ayudando en el nuevo material, está pasando un momento difícil y yo todavía no tengo dinero para pagarle, aún no he podido darle nada». Vico sentía una gran carga por mí. Entonces la iglesia, a través de un fondo de dinero especial para personas que están pasando por este tipo de situaciones, pagó los meses de hipoteca que debíamos y alivianó nuestra situación. Pensar que muchos creen que la iglesia solamente pide dinero, pero personalmente he visto cómo ayuda. Esta siembra trajo alivio a nuestra vida.

Pronto comenzamos a grabar tres temas de ese proyecto, y Vico me invitó a participar con él. Había una gran química entre nosotros. El proceso fue maravilloso. Dios nos llevaba para todos lados. Estaba muy agradecido por lo que estábamos haciendo. De hecho, hubo un momento en el que peleábamos mucho, porque obviamente uno decía una cosa y el otro, otra, pero reconozco mi inmadurez para ese momento acerca de no conocer el proceso de hacer una canción. Yo pensaba que cuando haces un arreglo lo vas a escuchar terminado desde el principio, pero Vico decía: «Tienes que esperar a que vayamos poniéndole sonido». Y yo decía: «Es que se escucha muy vacío». Era mi inexperiencia. Era un tiempo bien chévere, porque nos quedábamos hasta última hora trabajando.

con vico c - 1999

Me gusta · Comentar · Compartir

Hicimos una canción que se llamaba «Dándote vida» y la grabamos para enviarla como demo a una compañía. Esa canción tenía el primer arreglo que hicimos juntos. Vico contaba una experiencia fuerte de su vida por una sobredosis de droga, su papá le empezó a dar respiración boca a boca, porque se estaba muriendo. La letra dice así:

«*En pleno público me desmayé*
Por toda la química que había en mí.
La gente decía Vico se nos fue,
Pues de todos los golpes, nada sentí.
Solamente de lejos oí la voz
De un hombre que cesaba:
«*Hijo mío ¿Qué pasa? ¡Despierta!*»…».

Durante un culto de oración un día, él la escribió cuando sintió que Dios le dijo:

«*Yo soy aquel que siempre te acompañó*
Cuando te dieron rechazo.
Los que se alejaron cuando vieron tu caso,
Mirándote por encima del hombro,
Porque no eran como tú.
(…)

También te di una familia sincera
Que siempre está contigo en cualquier condición.
Un padre que te ama y al verte morir
te dio respiración...
Pero yo estuve dándote vida».

Él hizo esta canción poderosa y llevaba el primer arreglo musical que trabajamos juntos. Se la llevó a una productora de eventos muy conocida en Puerto Rico. Finalmente llegaron a un acuerdo, y firmó. Eso fue aproximadamente en el año 2000. Esta productora le presentó el material a EMI Latin, quien decidió tomar el disco.

Firmaron el contrato y le ofrecieron un adelanto de 55 mil dólares. Imagínate, esa cantidad de dinero... con todas las cosas que habíamos pasado... era maravilloso. Vico me dijo: «Funky, una vez que reciba el dinero yo te voy a dar 15 mil dólares». Eso era mucho dinero para un arreglista, era una exageración. En verdad las ideas no eran solamente mías sino de él, pero decía: «Tú te sacrificaste tanto...». Ese dinero sería de gran ayuda para nuestra familia.

Terminamos el disco, empezamos a viajar, a promoverlo, grabamos un video musical de una de las canciones en las que yo participaba y me invitó a que estuviera con él. Una tarde llegó el cheque, lo vi llorando, y le pregunté: «¿Qué pasó?». «Llegó el cheque y luego de todos los gastos que quitaron solamente lo que sobró para mí son unos dos mil dólares de los 55 mil», respondió.

Luego entendí que le habían quitado el 30% de comisión que cobraba la manager, los viajes que habíamos hecho de promoción, el video musical que grabamos, la ropa que usamos para el video, los 15 mil que me tenían que dar a mi (aunque todavía no me lo daban) y.... el cheque solamente era de 2 mil dólares. Eso me partió el corazón.

Aunque habían descontado mis 15 mil dólares del cheque de Vico, no me lo dieron inmediatamente. La manager decidió que me los daría poco a poco a medida que continuara trabajando. Ella no quería que yo me fuera sino que siguiera como corista de Vico C. Estiraba el pago para que la deuda me retuviera, ya que me veía descontento con lo que estaba pasando.

Un día le dije: «¿Cuánto tiempo voy tardar en cobrar estos 15 mil dólares? Yo los necesito. Págamelos por favor». Pero nada ocurría. Sumado a esto comencé a ver cosas de la gente que rodeaba a Vico que no me gustaban. Noté que no lo querían, que no lo estaban cuidando. Entonces empezamos a distanciarnos.

Vico siempre me defendió. Él no quería que yo estuviera en la parte de atrás, con la banda o con el Dj, sino quería que estuviera siempre a su lado. Aunque yo prefería esconderme, él me decía: «Te quiero aquí, a mi lado». Yo era su escudero.

Empecé a ver posiciones que me incomodaron. Por ejemplo, todos los conciertos eran en discotecas y yo conocía bien ese ambiente al cual ya no pertenecíamos. De tanto viajar nos congregábamos muy poco. A veces hacíamos tres conciertos por día y regresábamos a casa a las 6 de la madrugada. Y aunque Vico predicaba frente a la audiencia, la verdad es que todo ese ámbito nos hacía sentir cada vez más incómodos. Las muchachas de las discotecas se nos acercaban, se metían en los lugares reservados, nos perseguían. Entonces resolví: «Me tengo que ir de aquí».

Además a Vico comenzaron a tratarlo como a una estrella, viajaba en un carro diferente, ya no íbamos juntos con el grupo, etc. En una oportunidad escuché un comentario en el que le decían que no le convenía estar conmigo en la plataforma. Al ver todo esto decidí no seguir con la banda, y me fui. Sé que no era lo que Vico quería, pero, fue una decisión tomada.

Ya no estaba tan cerca de Vico hasta que finalmente nos distanciamos en la relación. Eso era lo único que me mantenía comprometido con esta actividad. Un día fui con Wanda a reclamar el último pago que debían darme y la manager me dijo: «¿Qué prefieres: que te pague tus 8 mil dólares y no te haga un disco, o que te los siga pagando poco a poco y que después grabemos? Porque tengo muchos planes contigo». Mi respuesta fue: «No me interesa. Quiero mi dinero. Me quiero ir». Me dio el dinero y nunca más regresé.

Ese fue el último concierto que hice con Vico en Puerto Rico. Wanda me advertía que poco a poco estaba cambiando, que ya no tenía las mismas reacciones ni las mismas respuestas. Esto me alertó, no quería volver a ser el de antes. Al ver mis cambios, Wanda me dijo: «¿Los conciertos con Vico o tu familia?». Por supuesto, yo había decidido por mi familia. Fue justo a tiempo.

Durante todo este tiempo aprendí a escuchar la voz de mi esposa. Mi decisión no fue solamente por convicción sino por amonestación de una mujer sabia. Poco a poco se me iba agotando la batería y tuve que volver a empezar.

FUNKY DE AHORA EN ADELANTE

¿Qué está pasando?

justo a tiempo

Me gusta · Comentar · Compartir

*«Tal vez te sorprenda que te haya llamado
pero no soportó esta situación.
He tratado pero no he logrado encontrar alivio
para mi condición».*

«Justo a tiempo» es una canción que habla del momento en que debes recordar el pasado para saber y reconocer de dónde Dios te ha sacado. Fue fundamental para mí recordar esta etapa de mi vida cuando estaba escribiendo esta canción, por entendí que todo el tiempo él había estado ahí.

*«Me pregunto qué hubiese pasado
si no hubieras tú llegado hasta aquí.
Todavía no puedo creer que llegaras
y estés junto a mí».*

Como parte de mi crecimiento me tocó vivir una situación difícil con uno de mis hijos. Fue un tiempo de neblina personal porque vi a mi hijo absorbido en una gran tristeza. Él tenía 16 años y se sabía enamorado de una muchacha que todos sabíamos no era para él.

Una vez lo confronté porque esta relación lo estaba llevando a límites que no son las aconsejables. Me preocupaba mucho que mi hijo adolescente estuviera metido en esta relación peligrosa. Veía un patrón de conducta peligroso. Esta muchacha era todo para él, era una obsesión. Si no hubiese llegado ese nivel no me hubiera preocupado. Pero cuando comenzó a confesarse, todo salió a la luz.

Siempre fui claro con mis hijos, mi experiencia me había llevado por vivencias que no estaba dispuesto a que mis hijos repitieran. Mi consejo era que reaccionara y se moviera de esta situación. Todavía estaba a tiempo de hacerlo.

Pero el día que lo confronté, a causa de su profundo amor por mí, y por su confusión de joven que lo tiene todo, en medio de nuestra conversación experimentó un profundo estrés que lo llevo a tener un ataque. En un primer momento, sofocado por nuestra charla, no percibí lo que estaba ocurriendo, bajé la mirada porque no quería que él siguiera dándome excusas. Creo que él vio mi dolor, y minutos después no lo escuche más. Pensé que simplemente estaba sentado en el piso, pensando... pero al pasar los minutos noté que estaba morado, y que no me respondía. Era como si algo lo ahorcara. Hoy entiendo que fue algo espiritual, un ataque, sin duda. Nunca más ha vuelto a pasar.

Todo esto sucedió antes de la presentación de mi disco «Reset», luego de haberme reconectado con Dios. Luego de haber visto a mi hijo afectado de esta manera empecé a tener autoridad sobre aquellas cosas que antes me dominaban, como por ejemplo la necesidad de aprobación de la gente. Esos gigantes ya habían sido superados, y aunque el enemigo había vuelto a atacarme, fueron superados. La situación de ver a mi hijo en medio de un ataque espiritual y emocional, duplicó mis fuerzas espirituales por haber tocado a mis hijos. Empecé a orar en medio de esa situación. Comencé a ayudarlo con su respiración, no sabía qué hacer, realmente pensé que se estaba muriendo.

Estaba inmóvil. Poco a poco comenzó a recuperarse y balbuceaba diciendo: «Perdóname», una y otra vez. Creo firmemente que esa confrontación trajo liberación a nuestra vida y cambió su destino. Escribí esta canción esa misma semana. Cuando mi hijo la escucha, llora. Hoy él reconoce su error y es un poco más sabio al tomar decisiones. Aunque, como todo joven, tarde o temprano siempre termina buscando mi consejo. Esa fue la gran pelea.

Frente a esta situación me di cuenta que como padre presente y comprometido con mis hijos, no tuve miedo de hablarle. Poseo la autoridad y la confianza de llamarlo a la habitación y decirle: «Tengo que hablar contigo». La experiencia fue dolorosa, es por eso que cuando canto esa canción, me quebranto, pero de agradecimiento a Dios porque llegó a mi vida «Justo a Tiempo», cuando mis hijos necesitaban a su padre. En mis conciertos algunos se preguntarán: «¿Funky está llorando de tristeza?», al contrario, estoy llorando de alegría.

Amigo, aunque pienses que las horas pasan demasiado rápido y que tienes que hacerlo todo ahora porque mañana ya no podrás, debes saber que hay un tiempo para todo. Este llegará en el momento adecuado. Ya habrá tiempo para todas las cosas que anhelas alcanzar. Tendrás tiempo para las relaciones sexuales, pero es necesario que primero entiendas que el matrimonio se hizo para eso. Cuando te adelantas, te puede pasar como me paso a mí, pierdes la perspectiva de lo que es la honra, el compromiso, el pacto, por el simple el hecho de satisfacer una necesidad fuera del propósito correcto. ¿Para qué apurarse? Adelantarse trae tantas consecuencias, dolores de cabeza que se pueden evitar. Hacerlo hoy, sin pensar, traerá consecuencias eternas, como me pasó a mí. Yo no me arrepiento de haber tenido a mis hijos, pero hoy pensaría mejor mis decisiones a causa de las consecuencias.

Al encontrar al hombre o a la mujer de tu vida tomarás la decisión más importante. Saber que él o ella es la indicada es decidir por esa persona y no mirar a nadie más. Si tú piensas que él o ella puede llegar a ser, y dices: «Tengo relaciones desde ahora, total, él será mi esposo o esposa», entonces te adelantas, pero... ¿Y si no era?

Debo reconocer que muchas veces me he equivocado y que con el tiempo entendí que mi actitud me llevó a hundirme más en mis errores. Es por eso que continué escribiendo:

«Reconozco que yo he sido un tonto
y que me estaba hundiendo por mi actitud.
Pero ahora que te tengo cerca
me has librado de mi esclavitud.
Me doy cuenta que lo que tú has hecho
nadie en este mundo lo podía hacer.
Es por eso que agradezco que llegaras
hasta aquí pues me libraste con tu amor y tu poder».

Aunque todas las canciones que he grabado son importantes para mí, «Justo a tiempo» es la más especial de mi carrera. Cuando la escribí me transporté a aquellos días de los que hablé en el capítulo 8. Cuando Wanda se fue de la casa con mis hijos y yo quería morirme. Por eso, la parte donde digo:

«Cuando ya no quería vivir y sentía que estaba perdido
Cuando estaba a punto de morir, tú llegaste justo a tiempo
hasta mí».

Para este tiempo, yo no había aceptado a Dios en mi vida ni en mi corazón, pero sí me habían hablado de él. Dice la canción:

«Te llamé porque me siento solo
y me está matando esta soledad,
la gente me mencionó tu nombre
y me recordaron que tú eres real.
Me arrepiento por no haber actuado
cuando mis amigos me hablaron de ti,

> *Sé que nunca lo supe apreciar,*
> *sin embargo hoy estás aquí.*
> *(...)*
>
> *Tantas veces que te rechacé que me hablabas*
> *y yo te ignoraba*
> *Pero cuanto te necesité,*
> *tú llegaste Justo a Tiempo».*

Aunque era un gran pecador para ese entonces, hoy sé que fue la presencia de Dios la que me guardó en aquellos días. Muchas veces pensamos que estamos demasiado sucios para acercarnos a Dios. Cometemos el error de pensar que para poder hacer un acercamiento a él tenemos que cambiar primero. Pero Dios no piensa como nosotros, él no espera que tú cambies para que vengas a él, sino quiere que tú vengas a él para poder ser él quien te cambie.

DIOS DIJO: «Llámame y te responderé, y te anunciaré cosas grandes y misteriosas que tú ignoras» (Jeremías 33:3 DHH).

Hace unos días miraba la tele y en un comercial un hombre dijo algo como: «La respuesta a tus preguntas financieras están al otro lado del teléfono. ¿Qué esperas? ¡Llama ahora!»

Hoy yo te digo a ti amigo: «La respuesta (La solución) para TODAS tus preguntas (tus problemas) dependen de esa llamada. ¿Qué esperas? ¡LLAMA AHORA! Reclama tu "Justo a Tiempo" de Dios».

Hermano, antes de pasar al siguiente capítulo quiero aclarar algo importante, pues no quiero que te confundas. El hecho de que Dios te ame tal como eres no significa que no tienes cosas que cambiar. Dios te recibe así, pero no te quiere dejar igual (Lee Filipenses 1:6).

Me gusta · Comentar · Compartir

FUNKY DE AHORA EN ADELANTE

¿Qué está pasando?

inicios de mi carrera

Me gusta · Comentar · Compartir

«Dios te hace «talentoso».
La gente te hace «famoso».
Pero eres tú quien escoge entre ser
o no ser un «orgulloso».

Siempre me preguntan por qué me llamo Funky, para explicarles eso, es necesario contarles la historia...

Durante mi adolescencia había un grupo americano secular de rap en inglés que se llamaba «Lords of The Underground» y uno de sus integrantes le decían Mr. Funke. Constantemente los escuchaba y cantaba sus canciones. En cada frase que decía utilizaba la palabra «Funky». Un día, mis amigos, riéndose de mí comenzaron a decirme: «Mira Funky», y así me quedó «Funky boy».

Cuando empecé a cantar rap tenía que elegir un apodo, ya que es lo normal entre los raperos. No es común que utilicen su nombre verdadero, y decidí usar «Funky». Imagina un rapero llamado Luis... no quedaba bien.

Tiempo después, cuando empecé a trabajar con Vico me quite el apodo. No me gustaba que me dijeran «Funky boy», pero Vico fue el primero que me dijo: «Mr. Funky». Finalmente quedó el Funky.

Luego de haberme convertido y años después comenzar el ministerio, decidí buscar el real significado del nombre Funky en el diccionario urbano, y me sorprendí porque decía que Funky es algo «escandalosamente diferente». El ejemplo que ponían era: «Gente que utiliza las cosas que están de moda pero a su forma». Fue muy impresionante descubrir el significado de este nombre que me había acompañado desde hacía varios años.

Al inicio, nuestro ministerio era «escandalosamente diferente» tanto para la iglesia como para el mundo. Realmente nuestra diferencia es radical, no nos dejamos llevar por la moda, elegimos nuestro estilo. Nunca armamos nuestros equipos de ropa con un estilo pre marcado por la moda. Eso es lo que hacemos también con la música.

El ministerio comienza cuando «Vida Music» a cargo de Arturo Allen muestran interés en hacer un disco de rap. Muy raro para ese tiempo porque no habían compañías cristianas interesadas en este estilo musical, y mucho menos la sección de música de Editorial Vida. Esta empresa que posee tanto prestigio, se estaba arriesgando a aceptar ese género dentro de su catálogo de música.

En ese momento, estaba trabajando en la Corte de Justicia de la ciudad de Orlando. Simultáneamente continuaba haciendo arreglos musicales para diferentes grupos que hacían este género. Un grupo que me gustaba mucho me había pedido que los ayudara con dos canciones, después se quedaron sin dinero, y yo les dije que los ayudaría igual. Ya tenía el equipo y quería seguir trabajando, entonces invertí

en el estudio trabajando en mi primer cd

Me gusta · Comentar · Compartir

algo de dinero para poder hacer unas copias y así comenzamos. El disco empezó muy bien, habíamos conseguido varios distribuidores, y yo creía que eso era lo que Dios tenía para mí: Continuar haciendo producciones.

Como todo estaba yendo bien, decidí nuevamente dejar el trabajo porque necesitaba más tiempo para distribuir ese material. Mi esposa estaba tranquila con que yo hiciera este trabajo de distribución porque estaba entrando algo de dinero, no era mucho, pero después de haber tenido la nevera vacía pues… Pero un día, no mucho tiempo después, siento de parte de Dios que eso no era lo que él tenía para mí. Cuando Dios te habla… Sientes una convicción muy fuerte en tu corazón. Esto me recuerda una de las canciones de «Reset» que dice:

«Le dio Jehová a Abraham el hijo de la promesa
Para después pedirle que volara su cabeza.
Abrahán dijo nene, vamos al monte,
sobre la leña ponte
Y no mires ni para el horizonte.
El viejo sin pausa cogió el cuchillo en mano
Pues sabía que si Dios se lo pedía no era en vano…».

Una mañana le cuento a Wanda lo que me estaba ocurriendo:

—Wanda, Dios me está diciendo que esto no es lo que tiene para mí, que lo suelte.

Ella me miró, y me dijo:
—Ok, ¿Qué lo vendas?

—No, que lo regale.

La expresión del rostro de Wanda era como: «Está loco».

—Bueno, si eso es lo que Dios te está diciendo… —respondió Wanda.

La misma canción que lleva por título «Dale Pal Monte» sigue diciendo más adelante:

«¿Qué usted creyó? ¿Qué este macho no lloró?
¿Qué lo que tengo yo, así de la nada salió?
Usted se equivocó.
La salvación es por Gracia
¡Hey! Pero hay que salir de vez en cuando a hacer gimnasia.
En el espíritu hay que pelear round por round.
Como lo hice yo, por eso existe Funkytown…».

Esto sucedió un domingo. Al regresar de la iglesia llamé a estos muchachos y les pedí que vinieran a buscar las copias, y eso hicieron. Dos días después, recibí la llamada de Nelson Rodríguez de parte de Arturo Allen y Vida Music que me dijo:

—Hola Funky, Luis Hernández (Gerente de una emisora) me consiguió tu teléfono. Te vi cantando en unos conciertos con Vico C en Orlando, te escuché en una emisora. Sé que Dios tiene algo contigo y nosotros queremos ser parte de eso.

—¿Quieren que produzca algo de música y haga los arreglos?

funkytown

Me gusta · Comentar · Compartir

—No, contigo cantando

—No, mire Sr. Rodríguez, yo no canto, lo mío es producir música.

—Pero nosotros te vimos cantando con Vico C, y sabemos que Dios tiene algo contigo. Pero mira… si quieres, prepara una canción, un demo, envíamelo, y vemos.

A los días, con la ayuda de un tío mío que no sabe absolutamente nada de música, lo grabé y le envié lo primero que me salió, y que decía:

> «Al ataque voy guerreando con mi armadura
> con mis espada de dos filos voy a la segura
> sé que hay muchos que piensan que es una locura
> pero yo sigo la palabra que es la que perdura…».

Para mi sorpresa, inmediatamente después de escucharla me llamaron para decirme: «Nos encantó Funky. Queremos mandarte el cheque para que empieces a hacer el disco y traerte a Miami para que firmes el contrato». Obviamente me estaban ofreciendo mucho más dinero del que yo pensaba ganar. Acepté y me lancé por fe.

La próxima canción que presenté luego de ese demo fue una versión del famoso tema de René González, «Después de la caída». En él cantamos junto con Vico C. Habíamos tomado el coro de la canción y la pusimos desde otra perspectiva, pensando en la persona que estaba siendo juzgada, y pidiendo: «No juzgues».

Ese tema está grabado en el primer álbum «Funkytown», y fue la canción que me dio a conocer. Lo curioso es que cuando la grabamos lo hicimos con un amigo de la iglesia que se llama Oscar Negrón, que dirigía la alabanza. A mí personalmente me encantaba el tema porque admiro muchísimo a René González, es mi cantante favorito de todos los tiempos. Siempre que lo veo se lo digo, pero él dice que se lo digo para hacerlo sentir bien. ☺ Tanto Arturo como Nelson querían presentar nuestro disco en la gran exposición de distribuidores y libreros cristianos, Expolit 2001, pero como aún no estaba terminado, decidimos hacer un pre-lanzamiento.

Ese año, los organizadores de la exposición tuvieron la grandiosa idea de poner esa canción en el CD que cada año regalan con la inscripción. A partir de ese momento todas las emisoras cristianas comenzaron a ponerlas en su sintonía y a sonar con mucho éxito.

Como parte de mi presentación me invitaron a participar del concierto apertura de la exposición, y debía interpretar esa canción. Les comenté que alguien debían acompañarme en la parte del coro, que en el CD lo había hecho un amigo de la iglesia, y los productores me dijeron: «Tranquilo, no te preocupes, vamos a conseguir alguien que haga el coro».

Ese día, cuando estábamos haciendo la prueba de sonido, me dijeron la maravillosa noticia de que René González cantaría conmigo. ¡WOW, qué tremenda alegría! Puedes imaginarte lo nervioso que estaba aquella noche. Me temblaba la boca. Era mi primera vez presentándome públicamente. Además, yo no conocía a René como lo conozco hoy.

con los bailarines en rusia. filmación del video clip

Me gusta · Comentar · Compartir

Esa noche subí a la plataforma, empezó la canción y literalmente se me olvidó la letra a causa de los nervios. ☺ Obviamente René que estaba a mi lado sabía perfectamente su parte, pero a mí... se me olvido la letra. Al día siguiente grabamos esa canción con René. Fue un sueño hecho realidad.

Esa canción, esa noche, fue lo que me llevó a darme a conocer en toda Latinoamérica, gracias a que mis amigos de Enlace TV difundieron el video por todo el mundo. (Sí, el mismo video donde se me olvido la letra). Todas las emisoras empezaron a promocionar mi música y la canción se pegó en la boca de muchos. Logramos grabar los diez temas y mandamos a hacer el CD. Empezó siendo un éxito en México. En Puerto Rico estaba ubicado en los primeros lugares del ranking musical. Un importante grupo americano de música me invitó a ser parte de un concierto en Puerto Rico. Ese fue el primero que tuve allí.

Nunca olvidaré la llamada de Arturo Allen cuando tiempo después me dijo que me habían nominado para el Latin Grammy 2003, con ese primer material. Recuerdo que estaba conduciendo hacia una tienda de equipos de música y recibí esa llamada.

—Funky, estaciona el vehículo un momento que tengo que decir algo

—¿Qué pasó Arturo?

—Te acaban de nominar para un Latin Grammy.

Eso manifestaba la gran aceptación que estaba teniendo el género musical dentro de la categoría «Música cristiana», porque al principio hubo oposición. Mi nombre figuraba entre grandes como Marcos Witt y otros. Ese año, el premio fue merecidamente otorgado a Marcos Witt.

Todo esto que estaba ocurriendo fue la confirmación de Dios para mi vida. Era él diciéndome: «Viste, yo te dije que iba a estar contigo y que te iba a dar fuerzas. Concéntrate en lo que te tienes por delante».

Así empezó todo.

Con el tiempo hicimos nuestro primer video clip musical, con «Funkytown». Viajamos con el equipo de trabajo de Vida Music a grabar a Rusia lo que fue una maravillosa experiencia.

mi primer estudio

Me gusta · Comentar · Compartir

FUNKY DE AHORA EN ADELANTE

¿Qué está pasando?

premios y más canciones

Me gusta · Comentar · Compartir

El siguiente álbum producido en el 2002 fue «Especie en peligro» título que tomé prestado de una predicación de mi pastor, Roberto Candelario, donde habla de la crisis que vivía la familia para ese entonces (Divorcios, Falta de paternidad, Rebeliones). Esa prédica fue hace más de 15 años, hoy, los retos a la familia son otros, entiendo que era algo profético a juzgar por la gran crisis que existe hoy en la familia como institución y el empeño de muchos cambiar su definición. Hoy más que nunca «La familia es una especie que está en peligro».

«Especie en peligro» consolidó mi posición como influencia musical sobre la juventud cristiana. Con este disco logramos varias nominaciones y premios como ARPA (México 2003 y 2004), Premios La Conquista (California 2004), Premio Integridad.com (2004) y Premios La Gente (California 2004).

Aunque todo comenzó como algo pequeño encontré algunas críticas que no aceptaban mi manera de alabar a Dios a través del rap. A medida que mi música comenzó a ser más conocida se levantó mayor oposición, mayor rechazo, pero por otro lado, surgían las nominaciones a premios y el reconocimiento de miles de jóvenes en toda Latinoamérica. No puedo juzgar a aquellos que me han criticado y es porque entiendo que es un estilo difícil de aceptar.

En medio de algunos cambios de representantes conocí a una persona especial quien le debo mucho, su nombre es Desma Vélez. Ella es muy importante para nuestra vida y ministerio. Inicialmente la productora la envió para que nos organice una gira. Así nos conocemos y en el proceso de esos días, ella pasó a ser nuestra manager. Para ese tiempo Desma era soltera, y Wanda la aceptaba, aun siendo mujer. A ella fue a quien primero le abrían las puertas de las iglesias, y quien tenía la confianza del pastorado de muchas congregaciones. Por ella pude ingresar a cantar en diferentes plataformas.

Luego de algunos años, Desma conoció a un hombre maravilloso con quien decidieron formar una familia. Frente al nacimiento de su niño, Desma decidió acompañar a su familia y no viajar más con nosotros. Hoy es Wanda quien luego de aprender mucho de Desma, tomó su lugar.

En el 2005 lanzamos nuestra primera producción en vivo: «¡Live! En vivo desde Costa Rica», con un gran reggaetón cristiano a nivel internacional.

Luego en 2006 hicimos nuestra primera gira por Europa en 17 días y más de 25 conciertos en México, visitó Argentina, Uruguay, Colombia, República Dominicana, Panamá y Estados Unidos, entre muchos otros lugares.

Seguido, en el 2007 y luego de más de dos años de espera, lanzamos «Corriendo para ganar», una producción en la que participan figuras como Domingo Quiñones, Alex

corriendo para ganar (2007)

Me gusta · Comentar · Compartir

Campos y Tony Vega. El primer sencillo del álbum, «Me estás matando», logró colocarse en la rotación de diversos canales televisivos musicales, como Univisión, MTV Español, MTV Latinoamérica, VH Uno, HTV y otros, siendo el pionero en el medio cristiano en español en su género en conseguir dicha exposición.

Luego de tanto reconocimiento, vino un tiempo extraño sobre mi vida. Fueron algunos años de silencio. Me robaron mi computadora y perdí el material que allí tenía trabajado. Intenté volver a escribir y no pude. Mi siguiente disco estaba allí, casi terminado allí.

Desde ese momento me sequé. Nada salía de mi interior. Era como si no tuviera nada para dar. Eso me creó una gran frustración. Luego de algunos años de oscuridad y tristeza, aún de depresión, comencé a vislumbrar «Reset». Uno de las producciones que más satisfacciones me ha dado. Es el material con el cual más cómodo me siento interpretando. Seguramente por todo lo que tuve que atravesar en el proceso hasta alcanzar lo que hoy tengo.

Este pasado año 2011, volví a tener el privilegio de ser nominado a los Latin Grammy con el álbum «Reset». Esto

corriendo para ganar (2007)

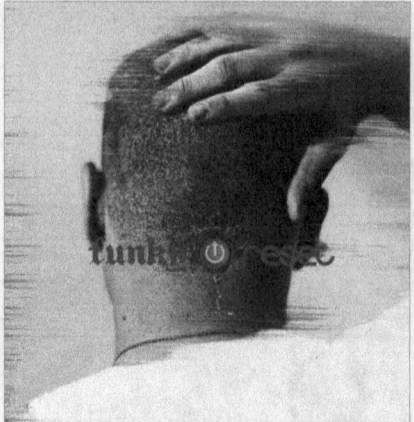

Me gusta · Comentar · Compartir

fue una sorpresa aun más grande para mí, después de tantas luchas, Dios nos respondió con esto. Sentí como si estuviera diciendo: «¿Ves mi Hijo? Lo que haces es para mí, y apartado de mí no hay nada que puedas hacer». «Esto no funciona si no te conectas». ☺

funky y tito

Me gusta · Comentar · Compartir

FUNKY DE AHORA EN ADELANTE

¿Qué está pasando?

amigos usados por Dios

Me gusta · Comentar · Compartir

Dios siempre nos sorprende y nos hace saber que está cuidando de nosotros. En una oportunidad fuimos a participar de un concierto en un país de Sudamérica. Ya conocíamos al productor que había organizado este viaje, habíamos trabajado anteriormente con él, y todo había salido muy bien. Por lo tanto, teníamos la confianza de aceptar su invitación nuevamente. Inicialmente debíamos participar en tres conciertos en ese país, pero minutos antes de salir desde Miami hasta Sudamérica, nos enteramos que solamente era un concierto. Ese era el fin de semana del día del padre y con mucha pena dejaba a mis hijos y a mi esposa para poder viajar y cumplir con mi tarea. Dentro de mi banda también hay muchos papás que estaban haciendo el sacrificio de viajar ese fin de semana.

Llegamos a esa ciudad, el concierto fue muy bueno, pero no se cumplió completamente con lo pautado económicamente con aquel organizador. Por cierto, aunque ya no teníamos presentaciones, debíamos quedarnos en la ciudad porque no podíamos cambiar los tickets de avión y regresar antes a casa. Lógicamente no nos sorprendió cuando nos dijeron que ya no podíamos quedarnos en ese hotel porque no estaba pago y por supuesto, nosotros no teníamos el dinero para costearlo. Quedamos literalmente en la calle, y el organizador no podía hacer nada.

Unos meses antes que este hecho, en la ciudad de Córdoba, Argentina, participaba en un congreso de la Iglesia «Cita con la vida», conocí una familia, que habían ido de visita al congreso, el padre se acercó a presentarse ya que su hijo quería conocerme. Por supuesto lo saludé, y el muchachito me dio un gran abrazo. Esa noche me invitaron a cenar con ellos y compartir un tiempo. Antes de retirarme del restaurante, el niño, que para ese tiempo tendría 11 o 12 años, se acercó junto a su papá quien me dijo que el hijo quería bendecirme porque mi música había sido bien especial para él. Me da algo en la mano, y yo lo pongo en el bolsillo. Al otro día, cuando estoy preparando la ropa para regresar, veo que lo que el niño me había dado era una ofrenda muy importante.

Esta misma familia, meses después, cuando estoy en este otro país de Sudamérica, empiezan a llamar a la oficina del ministerio preguntándole donde serían los conciertos, ya que ellos querían ir porque eran en su país. Wanda quien los atendió por teléfono, tuvo que explicarles lo que estaba ocurriendo, y que los eventos se habían cancelado. Inmediatamente ellos ofrecieron llevarnos a su hogar. Yo apenas los conocía. No tenía mucha confianza. Sin embargo ellos me recibieron no solo a mí sino a toda la banda que me acompañaba.

Ellos pagaron nuestros boletos de avión hasta su ciudad, nos hospedaron en un hotel cerca de su casa y nos atendieron como reyes mientras estuvimos allí. Mis músicos no entendían lo que estaba ocurriendo. Todavía faltaban dos días para regresar a Miami y realmente no teníamos dónde quedarnos. Vivimos unos días maravillosos en los que disfrutamos mucho. Tuvimos momentos devocionales y de oración.

Luego supimos que esta familia era dueña de un restaurante en su ciudad y que dirigían una empresa pesquera. Un gran testimonio que el padre de esa familia proclama con fervor y ejemplo, ya que es un cristiano que practica lo que predica.

Al despedirnos en el aeropuerto, advierto que el papá de la familia se acerca a cada uno de mis músicos, los abraza y les da algo en su mano para que reciban. Luego de un rato descubro que les había dado una maravillosa ofrenda a cada uno de ellos. ¡Eso era más dinero de lo que ellos habían dejado de ganar por los conciertos que se cancelaron! A mí también me entregó un sobre importante, con más dinero de lo que yo había perdido de ganar en esa gira.

Teníamos que regresar a la ciudad anterior para coordinar el siguiente vuelo hacia Miami, aquel representante que nos jugó esa mala pasada, supuestamente quería encontrarse conmigo en el aeropuerto para pedirme disculpas. Todos estábamos muy enojados con él y sinceramente no tenía deseos de verlo. Pero luego de lo vivido con esta familia maravillosa, en el avión de camino, sentí que Dios me dijo: «¿Te vas a ir de aquí con rencor en tu corazón? Si yo ya me encargué de ti».

Inmediatamente recordé la palabra que se encuentra en Mateo 18 donde el rey quiso hacer cuentas con sus siervos y había uno que le debía mucho dinero y mandó a que lo vendieran como esclavo junto a su familia. Pero este tanto suplicó misericordia que el rey le perdonó la deuda. Ahora, cuando este siervo al que tanto se le había perdonado va por el camino, se encuentra con un consiervo que le debía dinero y se lo reclamó. El consiervo también reclamaba misericordia, pero él no lo perdonó y pidió que lo pusieran en la cárcel. Al saber esto el rey lo mandó llamar y le dijo:

«¿No debías tú también tener misericordia de tu consiervo, como yo tuve misericordia de ti? Entonces su señor, enojado, le entregó a los verdugos, hasta que pagase todo lo que le debía. Así también mi Padre celestial hará con vosotros si no perdonáis de todo corazón cada uno a su hermano sus ofensas» (vv.33-35). Al recordar esta historia, Dios quebrantó mi corazón. Fui a encontrarme con el organizador y pude conversar con él, dejarlo ir y quedarme en paz.

Todo esto ocurrió en el tiempo de espera, durante el proceso de «Reset». Ya no quería hacer canciones porque sí. Entendí que necesitaba unos días en soledad para orar y ayunar. Nunca antes me había apartado para esto, jamás había hecho un ayuno de esa forma.

Me fui solo a un hotel en mi ciudad, con varias botellas de agua y mi Biblia, nada más. Me quedé sin teléfono ni computadora. Allí empecé a orarle a Dios que me diera dirección de lo que quería que hiciera. Estaba decidido a dejar la compañía disquera que me había patrocinado por tantos años, luego de que Vida Music cerrara. Para mí era una decisión muy difícil. Tenía temor de volver enfrentar apremios económicos, y le pedía a Dios que me supliera para poder hacer mi siguiente material. Durante esos días ocurrieron cosas tremendas, muchas de ellas están en el disco y tienen que ver con ese tiempo que estuve ahí con el Señor.

Cuando llamé a Wanda luego de seis días, para que me viniera a buscar al hotel y regresar a casa, ella me dijo: «No me vas a creer lo que pasó». Durante esos días no había hablado con nadie, ni siquiera con ella, realmente me había apartado de todo, solo estaba con mi Señor. Entonces me dijo que «Los amigos de Sud América habían llamado diciendo que no me preocupara por el presupuesto del álbum, porque ellos iban a sustentar todo».

Realmente nadie sabía lo que estaba pidiéndole a solas a Dios, tampoco conocían cuáles era mis temores y preocupaciones, pero evidentemente Dios sí lo sabía y se los dejó saber a ellos. Además, nos pidiéramos que fuéramos como familia a su casa, que Dios les había hablado y puesto en su corazón que debían sembrar en terreno fértil. Ellos querían seguir la voz de Dios.

Todas estas cosas impactantes que me han sucedido son prueba de que Dios está con nosotros, de que él tiene el control de todo. Hoy ellos son parte del ministerio que llevamos adelante. Son constantes sembradores de los proyectos que sienten son de parte de Dios. El Señor es realmente fiel.

my band

mi debilidad la pizza

Me gusta · Comentar · Compartir

tour bus

Me gusta · Comentar · Compartir

FUNKY DE AHORA EN ADELANTE

¿Qué está pasando?

la ropa y el status social

Me gusta · Comentar · Compartir

A los muchachos también nos gusta vernos bien. Personalmente he vivido diferentes épocas. Cuando era jovencito no me importaba la ropa ni lo que estaba de moda, y cuando tuvimos nuestro primer hijo, todo lo que ganaba era para comprar pañales y leche.

Suelo la gran presión que los muchachos suelen poner sobre sus padres para que les compren esa ropa de marca que es muy cara. Sé que para más de uno es mucho sacrificio. Con los años y algo de experiencia comprendo que se camina lo mismo con unas zapatillas de 200 dólares que con unas de 50. Es como aquellos señores que usan relojes de 10 mil dólares, sin embargo con uno de 50 va a ver la misma hora. Entonces… ¿Cuál es la diferencia? El status.

Mi abuelito solía decir un refrán cuando mi mamá le pedía 20 dólares: «¿20 dólares? ¿Para qué quieres 10 dólares si con 5 te alcanza? Toma 2 dólares y me traes el vuelto». ☺

Reconozco que de joven, cuando empecé con mis andadas y a rodearme de gente que le gustaba la vanidad y el status, quería parecerme a ellos. Tenía un amigo cercano que era muy vanidoso. La ropa que compraba era la más cara. Siempre estaba mirándose al espejo y arreglándose. Poco a poco comencé a admirarlo y sentía que debía ser igual que él. Tenía que comprarme la misma ropa y verme como él. Eso trajo muchos problemas en mi casa, porque gastaba dinero en cosas que no eran necesarias y esto desató una de crisis que tuvimos que enfrentar. Obviamente, cuando me convertí tuve que ordenar nuevamente mis prioridades, pero años después, cuando los conciertos era cada vez más importantes surgió otra vez esa vanidad que mal asesoraba mi vida.

¿Cómo yo iba a tener la misma camisa que en el concierto anterior? No podía permitir que la prensa tomara fotos y me viera con la misma chaqueta. Sentía que comprar ropa era una necesidad. Para ese tiempo la ropa que usaba era muy obvia ya que tenían diseños muy llamativos. Sin darme cuenta había ingresado a la vanidad de la farándula donde está prohibido repetir diseños.

Comencé a ir a las tiendas a comprar y ni siquiera miraba las etiquetas, no me preocupaba mirar el precio, solo la elegía y la pagaba. Podía salir 50 dólares o 200, si me gustaba… daba igual. Por otro lado, mi esposa no es así, ella sabe muy bien cómo usar el dinero. Como yo sabía la cantidad de dinero que gastaba en ropa, para lavar mi conciencia, después de haberla usado un par de veces se la daba a mis hijos y ellos estaban felices. Pero un día, uno de los Pastores Asociados de mi iglesia, Javier Maldonado, se paró en el púlpito de mi iglesia y dijo:

Tengo dinero en el banco. Soy rico y bendecido. Cómo tengo dinero, no importa… Soy rico. Un día empecé a calcular cuánto dinero tengo comparado con mucha gente y me asombré. Muchos quizás no lo notan, pero… tengo mucho dinero. No lo digo para que me pida prestado, sino para que entienda lo que quiero explicarles.

Luego de algunas averiguaciones supe que soy más rico que el 99.5% de las personas. La Biblia habla de aquellos que muchos se les ha dado, mucho se les demandará. Quien gana 25.000 dólares al año es más rico que el 90% de las personas en todo el mundo. Pero es aún más interesante saber que si tienes un ingreso promedio de 50.000 dólares al año, tienes más dinero que el 99% de la población del mundo. Si usted se encuentra dentro de estos parámetros, entonces también podría decir que es rico. La mayoría de nosotros no pensamos que lo somos.

Estados Unidos es un país que siempre está mirando lo que hacen los famosos, lo que usan, qué auto tienen, y parece que viviéramos en una burbuja. Creemos que si no tenemos dinero para comprar el último modelo de celular o de computadora, somos pobres, pero nada más lejano de la realidad...

Si no estás preocupado qué vas a comer, eso demuestra que tú eres rico, comparado con el resto del mundo. Si tienes un vehículo que funciona, eres rico y bendecido. Quiero que pienses que cuando vas al baño, tienes una canilla que abres y sale agua clara hasta para beber. Algunos de nosotros somos tan rico que ni siquiera queremos tomar de esa agua y compramos botellas de agua aun más purificada. Sin embargo, siempre le estamos pidiendo a Dios cosas, cuando ya tenemos nuestra vida llena de cosas. Somos bendecidos.

La Palabra dice: «Ahora bien, se requiere de los administradores, que cada uno sea hallado fiel» (1 Corintios 4:2).

Hay muy pocas personas en el mundo a quienes Dios va a reclamarle por los recursos que tuvieron y no supieron administrar. Debo recordar que soy bendecido para ser de bendición. Ese es el concepto de mayordomía, de administrador. Cuidas lo que te fue entregado para administrar. Todo lo que tienes y eres, es un préstamo de Dios. Nada de lo que tienes es de Dios.

Si tienes una casa, seguramente la obtuviste con el pago de tu trabajo, pero… ¿Quién te dio el trabajo?, ¿Quién te dio el aliento de vida y la energía para ir a trabajar? ¿Quién te dio la habilidad? Todo lo que existe se origina en Dios. Por lo tanto, lo que tú tienes viene de Dios. Si él te dio algo, le pertenece a él, nosotros somos mayordomos de lo que nos prestó.

Seguramente alguna vez has escuchado acerca de la parábola de los talentos que se encuentra en Mateo 25:14-30. A todos los siervos les dio talentos, algunos más, a otros menos. Pero queda claro que el que tenía un solo talento no había entendido las instrucciones del Maestro, y cuando este llegó y tenía que presentarle los resultados de lo que le había sido dado, había ocultado el talento y no lo había administrado como debiera. A este, el Maestro lo llamó «Siervo malo y negligente».

Los anteriores le habían dado el dinero con el que habían iniciado y lo que habían negociado. A estos llamó «Buen siervo y fiel». Entonces, ¿cómo nos llamará a nosotros cuando venga y nos pida el informe de lo que hemos hecho con lo que nos entregó? Le diremos: «Señor, no solo no puedo darte lo que tú nos has dado, ahora además le debo dinero al banco».

La única explicación que tenemos es: «Tomé tu dinero y compré cosas». Compre una televisión de última generación y alta definición. Compré un celular, el más nuevo que había. Compré relojes, joyas, DVD´s, cosméticos, zapatillas de 130 dólares, una computadora de 2000 dólares, libros que no leemos, un jeans de 300 dólares, una cartera de marca de 500 dólares, y muchas cosas más. Gastamos nuestros talentos en estas cosas. Cuando el Maestro nos pida el dinero, solo tendremos deudas.

Somos mayordomos de la propiedad de Dios. Cuando nos pide tiempo para servirlo le decimos que no podemos porque tenemos que hacer horas extras en el trabajo para cubrir la deuda para comprar un auto nuevo. Somos bendecidos pero estamos endeudados. Un día vamos a tener que darle cuentas a Dios acerca de la forma en que administramos lo que él nos ha entregado.

¿Está Dios en tu corazón? Por mucho tiempo, al ver los anuncios que hablaban de la pobreza en el mundo, no me importaban. Veía los documentales acerca de la forma en que viven las personas en lugares como la India, y no producía nada en mí. Pero a Dios le importa, y si yo quiero tener el corazón de Dios, la pobreza debe molestarme, las enfermedades fruto de la pobreza deben molestarme.

Hablando de cantidades, el 90% de la población mundial viven en pobreza. No tienen agua, comida ni ropa.

Con 8 dólares, tú puede comprar 15 manzanas orgánicas o comprar 25 árboles para que la gente en Honduras plante y tenga frutos para que sus hijos coman.

Con 30 dólares puedes comprar varias películas en DVD´S o una caja de primeros auxilios para niños en Haití.

Con 73 dólares puedes comprar un nuevo teléfono celular o comprar una clínica móvil para que los niños de Uganda que tienen SIDA sean cuidados.

Con 2400 dólares puedes comprar un televisor nuevo o puedes darles una escuela a los niños en una villa de Angola, y así afectar varias generaciones.

El 17% de la población del mundo no tiene acceso a agua limpia.

El 42% del mundo no tiene baño donde hacer sus necesidades.

Todos los días 16.000 niños mueren por hambre.

Hay un billón de personas desnutridas en el mundo y 1.1 billón de personas en Estados Unidos son obesas.

Este año 6.5 millones de persona morirán por hambre.

Estados Unidos gasta 165 millones de dólares al tratar a personas obesas.

Quizás leas este mensaje y no hagas nada. Pero yo gasto 20 dólares cada 2 semanas para cortarme el cabello, eso no incluye los productos que uso como shampoo, cera, etc. Por lo tanto, lo que decidí hacer es afeitarme la cabeza y tomar el dinero que gastaba en productos y en la barbería y junto con mi familia lo vamos a enviar a personas que lo necesitan.

Tengo que hacer algo radical para no olvidarme lo que aprendí. Piensa en lo que tú harás. De esa forma, la oración de muchas personas va a ser respondida gracias a ti. Tú eres las manos y los pies de Dios. ¿Qué harás con los talentos que Dios te ha dado?

Ese día, al escuchar esa palabra decidí aprender a ser un buen administrador de lo que Dios me ha dado. Tomé conciencia de las cosas importantes y comencé a establecer prioridades económicas en mi vida. Tengo que enseñarles a mis hijos cómo deben ellos administrar su dinero y nada mejor que con el ejemplo.

en costa rica

Me gusta · Comentar · Compartir

FUNKY DE AHORA EN ADELANTE

¿Qué está pasando?

antes de nacer

Me gusta · Comentar · Compartir

«Me estás matando vida mía, me está matando tu desprecio
no te das cuenta que no aguantaré el dolor.
Estás rompiendo poco a poco mi corazón en mil pedazos.
Me estás matando, no lo hagas por favor».

Una noche, como las 3 de la mañana, me levanté con sueño en mi cabeza, un video, una película en mi mente. Veía personas insistiéndole fuertemente a una mujer que le diera una oportunidad. Lo extraño era que yo era quien estaba en esa escena. Por algunos instantes pensé que era el recuerdo de cuando le rogaba a Wanda que me diera otra oportunidad. Pero luego me di cuenta que esa voz de hombre adulto se transformaba en la voz de un niño.

Por un momento pensé que era una idea genial para una canción y comencé a escribirla. Pasaron días y no me salía nada, no fluía, tenía la idea pero no sabía cómo empezarla ni terminarla. Entonces fui a ver a Vico, ya que cada vez que me quedo atrancado busco su consejo. La idea le pareció brutal, pero nada surgía. Un día comencé a cantarle a una mujer, como si fuera un hombre que le estaba pidiendo una oportunidad porque está enamorado. Y me pregunté: «¿Qué le diría?».

Y así comenzó a surgir toda la canción.

«Aun no entiendo el por qué fue que tomaste esta decisión
si tú tan siquiera has intentado otra solución.
Dime ¿por qué quieres que acabes nuestra relación?
Por más que intento no le encuentro una explicación.
Dame tan solo un motivo para tu desprecio,
pienso que realmente no merezco pagar este precio.
Es necesario que analices lo que estás haciendo
pues ni siquiera te imaginas lo que estoy sufriendo.
Hoy solo ruego por mi vida, que tengas piedad,
porque mi deseo es llenarte de felicidad.
Yo sé que mi amor puede durarte por la eternidad.
Dame tan solo la oportunidad de demostrarte, que no soy lo que tú piensas,
yo no soy como los otros.
Será muy diferente el amor entre nosotros.
¿Cómo puedes decir que lo nuestro a terminado si ni aun lo hemos intentado?».

Tan importante fue la canción que pronto decidieron hacer un video musical representando la letra de la canción. Los productores pudieron captar muy bien la idea y hacer un video especial e importante para mi carrera. Todavía me asombra ver al niño que eligieron en el video qué parecido es a mí de niño.

Este video hoy recorre cientos de muros de Facebook y es muy visitado en Youtube. Para filmarlo tuvimos que viajar con Wanda a Rusia, y para poder irnos tranquilos le pedimos a mi mamá que viniera desde Puerto Rico a Orlando para quedarse con los niños en casa.

Estuvimos varios días grabando y cuando regresamos, Wanda, quien filmó con nuestra cámara personal las tomas del video, se las mostró a toda la familia. Nos reunimos en la sala y comenzamos a mostrarles lo que habíamos grabado. Hasta ese momento mi mamá no había escuchado la canción, ni sabía de qué se trataba. Cuando veía las tomas persiguiendo a una muchacha y ella no entendía y me decía: «Pero hijo, ¿por qué le cantas a esta muchacha que no es tu esposa?». Entonces le respondía: «Es que realmente yo no le estoy cantando a ella... sino a una madre. Yo le estoy hablando a la mujer desde su propia barriga, porque represento un hijo a quien su madre quiere abortar».

Al escucharme decir estas palabras mi mamá se quedó muda y cambió su expresión. Al día siguiente regresó a Puerto Rico, y pronto llamó llorando por teléfono a Wanda, reclamándole:

—Quiero que tú me digas ¿quién le contó eso a Luisin (Así me dice ella ☺)?

—¿Qué cosa? —le preguntó Wanda.

—Quiero que tú me digas ¿quién le contó eso a Luisin? Lo del video.

—Nadie, fue un sueño que él tuvo. Un día se levantó con eso en su cabeza y se le ocurrió esta canción.

—No, tú tienes que decirme quién fue, porque alguien se lo tiene que haber contado, ¿Fue su papá o su abuela?

—¿Qué el papá se lo contó? —le preguntaba Wanda—. No, realmente fue un sueño, ¿Por qué me dices esto?

—Es que esa mujer realmente fui yo. Traté de abortarlo cuando supe que estaba embarazada.

—No, él no sabe eso —le dijo Wanda.

—Entonces si él no te lo dijo, no le digas nada —le pidió mi mamá.

Unos días después supe la realidad y confirmé una vez más que mi vida tiene propósito en esta tierra. Entonces escuché la voz de Dios diciéndome: «Aunque tú no estabas en los planes de tu papá ni de tu mamá, estabas en mis planes». Eso era lo único que debía saber.

Creo que todos merecemos una oportunidad y nadie tiene el derecho de impedir esto. No podemos quitarle la oportunidad a otro de ser. Estoy abiertamente comprometido a favor de la vida y en contra del aborto.

Esta canción, este sueño revelado por Dios, se convirtió en una canción que habla de destino, de propósito, de diseño de Dios. Este video ha sido muy especial para mí, no solo por mi historia personal sino por todas las experiencias que después vinieron a contarme como resultado de haber escuchado la canción.

Tal es el caso cuando estaba en un concierto en Colombia, y una muchacha con un bebé en brazos se acercó a uno de mis músicos y pidió que me contaran su testimonio. Esta joven había quedado embarazada de su novio y decidió abortar. Tomó a un taxi y mientras estaba camino a la clínica escuchó mi canción «Me estás matando» en la radio. Durante todo el camino la escuchó, y cuando estaban llegando y se estaba por bajar del taxi presta atención especial a la parte final de la letra que dice: «Me estás matando madre mía, ¡déjame nacer!».

Esas palabras trajeron en ella una convicción muy fuerte de que esa era la voz de su hijo que le estaba hablando y pidiendo que lo dejara nacer, entonces decidió no abortar. Tiempo después fue al concierto para mostrarme su bebé y contarme el maravilloso testimonio de vida.

Muchos jóvenes se han acercado para hablar conmigo y decirme que habían vivido una vida sintiéndose rechazados por sus padres, o que su mamá los había abandonado y se habían quedado con su papá, o viceversa, y sentían una gran rebeldía contra ellos a causa de esa situación. Pero un joven en especial se identificó mucho cuando repetí lo que dice la Palabra de Dios: «Aunque mi padre y mi madre me dejaren, con todo, Jehová me recogerá». Ese joven no fue el mismo después de esa charla.

Una vez alguien me preguntó: «¿Cómo pudiste perdonar a tu mamá?». Mi respuesta fue: «Porque entendí el propósito de que yo estuviera viviendo: Primero ella me rechazó, pero después me amó». Tengo algo muy en claro: Al principio mi mamá no me quería, pero el amor que yo recibí de ella cubrió todo lo que a comienzos del embarazo sintió.

Amo a mi madre con todo mi corazón. Cuando ella quiso abortar y comenzó a sangrar, lo que inmediatamente hizo fue salir corriendo al médico quien le dijo: «El niño está bien. Va a vivir». Hasta el momento de estar escribiendo estas páginas nunca hablé con mi madre de todo esto, y realmente no hace falta. Sé la historia pero no me interesa confrontarla ni reclamarle, porque no tengo nada para decirle, simplemente que la amo. Lo mismo con mi padre, aunque ellos en ese momento estaban juntos, su relación estaba muy mal, por eso fue la decisión de abortarme.

Mi canción continúa diciendo:
«Tu corazón yo sé que no te miente,
yo estoy seguro que también lo sientes
Quizás la vida ahora sea diferente.
No quieras detener lo que el Señor ha hecho
pues ¿no has pensado que yo también tenga derecho?
Quizás no puedo prometerte que seré perfecto,
pues como todo ser humano yo tendré defectos
Quizás no pueda prometerte que nunca te voy a hacer llorar.

Pero por siempre yo te voy a amar.
Te lo aseguro, dame chance
porque estoy seguro
que mi amor es puro.

Que no importa lo que pase en el futuro
yo estaré contigo
y eso si que puedo asegurarte.
Yo jamás podría abandonarte.

> *Espera un momento, piensa lo que haces.*
> *¡Tú no lo puedes permitir!*
> *¡No dejes que esto pase!*
> *¿No te das cuenta que con esta decisión acabas*
> *con mi vida? Tiene que haber otra alternativa.*
>
> *En mil pedazos sé que voy a terminar.*
> *Despojado de mi vida, solo puedo suplicar*
> *¡no me abandones, no me vayas a matar!*
> *Aun podemos intentarlo. Dame una oportunidad».*

Un día de mi cumpleaños me invitaron a un programa muy conocido en la ciudad de Miami que se llama «Despierta América». Allí presenté el video y di testimonio de lo que significaba para mí. Como sabía que estaría en ese show, le pedí a mi madre que sintonizara ese canal. Sé que ella lo estaba viendo, y era una fecha muy especial.

Mientras estaba en el programa expliqué lo que sentía con respecto a esta canción y les conté mi historia. Los presentadores del programa estaban boquiabiertos. Pero al finalizar les pedí un minuto para poder dirigirle unas palabras a mi mamá y dije: «Quiero que sepas que hoy es el día de mi cumpleaños y no tengo nada de rencor por lo que pasó, al contrario, te doy gracias porque aunque intentaste abortar, finalmente me cargaste en tu panza 9 meses. Te amo con todo mi corazón».

Cuando el programa terminó, inmediatamente me llamó. Allí pudimos cerrar todo dolor que hubiera habido en esta historia y nos unió mucho más. Ahora la veo de forma diferente, ella es un instrumento de Dios que se dejó usar.

Si tú eres quien ahora está en una encrucijada, este texto final de mi canción es para ti:

> *«Estas nerviosa y es que esta decisión es algo dura.*
> *¿Por qué quieres hacerlo si no estás segura?*
> *¡Aun estás a tiempo! ¿Por qué no lo intentamos?*
> *¿Por qué no abrimos esa puerta y nos regresamos?*

¿Por qué no volvemos a casa y olvidamos esto?
No te preocupes, tranquila, yo no estoy molesto.

Entiendo que como persona puedes confundirte,
¡Eso no importa! Aun puedes arrepentirte.
Sé que no es fácil,
entiendo que han jugado con tus emociones.
Han sido muchas las desilusiones.
Pero yo sé que existen muchas más razones
para que no separemos nuestros corazones.

Estoy seguro que con el pasar del tiempo tú lo vas a ver,
pues ni imaginas los feliz que yo te voy hacer.
No te adelantes en decir que no se va a poder,
pues me estás matando ¡Madre mía déjame nacer!».

FUNKY DE AHORA EN ADELANTE

¿Qué está pasando?

mi vida, mi historia

Me gusta · Comentar · Compartir

*«Hoy me levanté pensando en lo que no hice bien,
en las oportunidades que dejé pasar,
pero me di cuenta que lo importante no es lo que no hice,
sino lo que voy hacer de ahora en adelante».*

No creo que este libro que contiene mi vida, mi historia, produzca un cambio en ti si no tomas la decisión correcta. Como habrás notado tomé muchas decisiones en mi vida, algunas de ellas trajeron conflicto, otras, bendición. Pero todas ellas deben ser tomadas sin pasar por la búsqueda de la aprobación.

Mi decisión por buscar la aprobación de mi hermano, no ha sido buena. También cuando decidí vivir en los Estados Unidos para buscar un cambio y me perdí en las discotecas. Sin embargo, la buena decisión de aceptar a Dios en mi corazón, trajo un gran cambio a mi vida entera. También lo fue cuando decidí ir a la iglesia. Ese cambio fue importante para mi vida y la de mi familia. Todo es producto de una decisión.

Salomón dijo: «Ahora, hijo mío, a más de esto, sé amonestado. No hay fin de hacer muchos libros; y el mucho estudio es fatiga de la carne. El fin de todo el discurso oído es este: Teme a Dios, y guarda sus mandamientos; porque esto es el todo del hombre» (Eclesiastés 12:12-13).

De ahí viene mi frase en «Esto no funciona» cuando digo:

«Tengo que ser recto, caminar directo
no desenfocarme porque para mis proyectos,
Lo importante no es el intelecto.
Esto no funciona socio si no me conecto».

Salomón era un sabio que le encantaba dar consejos, este es uno de ellos. Debemos entender que cumplir los mandamientos de Dios y temerle, nos llevará a tomar la decisión correcta de seguirlo y agradarlo. Tiene que ver con el ahora en adelante. Recuerda que el hombre que sabe poco pero sabe preguntar, realmente sabe todo lo que necesita saber. Esa decisión va a determinar donde estarás mañana. Muchacho, no te preocupes dónde estabas. Mira dónde estarás.

Mucha gente se lamenta por lo que no ha hecho o hizo mal, porque no toman decisiones correctas. Pero es necesario entender que: «Ya no me preocupa dónde estaba, porque solo miro para dónde voy, porque solo voy a ver de hoy en adelante». El pasado pesa demasiado, juzgarte a ti o juzgar a otros por lo que antes hicieron es como juzgar un libro que todavía se está escribiendo.

Por mucho tiempo la iglesia ha estado bien informada, pero no ha sido transformada por no entender esto. Nadie puede obligarte a ser transformado. Yo puedo hablarte dos días o dos meses pero nada de lo que yo diga va a ser efectivo si no tomas una decisión. Porque Dios no creó robots sino personas con libre albedrío para tomar decisiones. Constantemente vemos a Jesús enseñando a través de parábolas para guiar a la persona hasta llevarla a una convicción para que tome la decisión correcta.

Hace un tiempo la computadora de Wanda comenzó a funcionar mal. Su navegador de internet se había roto y decidió bajar otro navegador como alternativa, de esta manera podía seguir trabajando. Pero este nuevo navegador también era lento y no podía lograr agilizar su computadora.

Mi consejo fue: «Mi amor, tenemos que buscar la forma detener tu computadora un par de días y que chequees tu trabajo desde otro lugar, porque estás perdiendo tu tiempo en lugar de agilizar el trabajo. Tienes que hacerle un reset, borrarle todo lo que tiene y volver a instalar los programas porque tienes un montón de cosas grabadas en el disco que no sirven para nada».

Fue una decisión difícil porque debía dejar de trabajar para hacerle un «reset», pero era necesario hacerlo para poder empezar de nuevo. Una noche tomé su computadora y durante toda la noche le hice un «reset». Al otro día, cuando se levantó, su computadora corría veloz como una bala. Le reinstalé las cosas que eran necesarias para su trabajo, y borré todas aquellas que ya no necesitaba y ocupaban espacio en su disco duro.

Nosotros hacemos lo mismo con nuestra vida, seguimos llenando con información nuestro disco duro y decimos: «Me pasó esto, me pasó lo otro…». Entonces nos ponemos lentos, nos cuesta concentrarnos y realizar nuestras actividades. Eso me pasó a mí cuando me involucré en muchas cosas: la compañía disquera, los conciertos, ayudar a mis amigos, etc. Seguí llenando mi disco duro con actividades y toda esta información puso lenta mi cabeza.

Cuando me robaron mi computadora personal tenía un disco duro con todos los archivos del programa que utilizo para hacer música. Pocos días después me compré una nueva, podía instalar los archivos que yo había procesado pero no tenía el programa para verlos. Le faltaba la aplicación necesaria para leer esos archivos, y en el lugar donde me encontraba no tenía forma de conseguir el programa para instalarlo. Por lo tanto, allí estaba la información, pero no me servía de nada.

Así somos en la vida. ¿De qué nos vale conocer la Biblia, leer todos los libros del mundo, escuchar todas las conferencias internacionales, aprender las predicaciones de memoria y no poder ejecutarlas?

La Palabra dice: «No se contenten sólo con escuchar la palabra, pues así se engañan ustedes mismos. Llévenla a la práctica. El que escucha la palabra pero no la pone en práctica es como el que se mira el rostro en un espejo y, después de mirarse, se va y se olvida en seguida de cómo es» (Santiago 1:22-24 NVI).

Una de las características del latino es mirarse al espejo y cuidar su aspecto. Si pasa frente a uno, no pierde la oportunidad de arreglarse el cabello, y ver cómo se ve. Lo mismo ocurre con un creyente, siempre debe tener la oportunidad de mirarse en el espejo para ver cómo está actuando, cómo son sus expresiones y qué está viendo su familia. Muchos quieren alcanzar el mundo pero no pueden alcanzar su propia familia, porque dentro del ambiente de su casa no practica lo que dice la Palabra.

Aprendí mucho leyendo el libro de Rick Warren, «Una vida con propósito». Él presenta una gran diferencia entre lo «Prominente» y lo «Significante». Luego de leer esta diferencia hice una canción que dice que «la gente quiere la posición de que todo el mundo lo va a ver y lo reconozcan».

Suelo preguntar en mis conciertos: «¿Quieren hacer cosas grandes para Dios?». Y todos responden con gritos y aplausos. Luego pregunto: «¿Y quién quiere hacer cosas chiquitas?». Y nadie levanta la mano. Nadie quiere hacer cosas chiquitas. Todos quiere hacer cosas grandes, que el mundo te vea y te reconozca, por esa necesidad de aprobación.

Deben saber que no soy diferente por estar sobre una tarima, porque lo mismo que yo estoy haciendo allí para el reino, pueden hacerlo ellos en sus trabajos, en sus casas o donde quiera que vayan. Si tocas una vida con la Palabra de Dios, estás haciendo algo gigantesco, ya que no sabes lo que puede hacer esa persona el día de mañana. A veces me pregunto qué hubiera ocurrido si Vico no me hubiera hablado de Dios. Él es mi amigo y reconozco que su vida ha sido de mucha influencia. Siempre digo que él no tocó solamente mi vida sino la de miles de personas a las que ministro en mis conciertos y con mi música.

Mi pastor Roberto Candelario suele decir: «Dios me llamó a las naciones, también llamó a mi iglesia a las naciones, aunque quizás nunca hemos ido». Aunque físicamente no han podido viajar, ellos han alcanzado las Naciones como una extensión del reino a través de nuestros conciertos.

Hace 13 años que asisto a mi iglesia y es allí donde he crecido espiritualmente y donde recibo ministración de mi amado pastor y su esposa. Lo que aprendí allí es lo que comparto en mis canciones, que no es otra cosa que la Palabra. Quizás no podes entender la magnitud de lo que estás haciendo, por más pequeño que sea. Mira el retrato grande y enfócate en eso. No te confundas ni te desanimes. Tú no eres más porque te alaben ni menos porque te menosprecien. Pero si te han menospreciado, ¡Alégrate! A Dios le encanta usar gente como tú para avergonzar a los que se creen que son importantes. (Lee 1 Corintios 1:27)

Tú tienes un gran valor para Dios. No dejes que ningún líder te haga sentir menos. No dejes que te engañen por el status. No te enamores de la posición del que está enfrente sino de la función que cumple, de lo que hace.

Me encanta escuchar predicar a mi pastor, pero no deseo su posición, sino su corazón y por eso trato de imitarlo. Me gusta la pasión que tiene por la gente y lo accesible que es llegar a él. Solo deseo es tener su mismo corazón. Creo que es importante saber qué es lo que admiramos, ambicionamos y qué es lo que desea nuestro corazón. No creo que esté mal anhelar la fama, si la sabes usar. En mi caso, no quería ser famoso porque tenía que ver con mi inseguridad, no me atrevía a subirme a la tarima. Recuerdo cuando empecé a formar parte del coro de Vico C, me escondía donde nadie podía verme porque me daba pánico estar en frente de la gente.

Pero si te crees la fama y el reconocimiento, es peligroso, porque puede dañar el corazón. En el Reino de Dios, mientras más bajas, más subes (Lee Lucas 14:11). Si no tienes bien claro quién eres, te puedes creer una estrella, y la posición que tienes por el privilegio de hacer lo que haces, se te puede subir a la cabeza. La Biblia nos enseña que el orgullo acaba en fracaso, la honra comienza con la humildad (Proverbios 18:12).

Procura siempre ser humilde, eso sí, nunca digas que lo eres. El que es verdaderamente humilde no lo dice, lo demuestra. Proverbios 27:2 dice: «No te jactes de ti mismo; que sean otros los que te alaben».

En «Corazones Puros» dije:
«No busco Pauta, yo no busco entrevistas
Ni que me retraten y me ponga en revistas.
No necesito estar detrás de un publicista
Para que me posicionen y me ponga en las listas.
En mi opinión yo creo que eso es ridículo.
De qué me sirve que me ponga muchos títulos,
Si lo importante es lo que dicen los versículos.
Yo no soy el Rey pero soy su discípulo».

Amigo, recuerda: «Debes enamorarte de lo Dios está enamorado, que es la gente, y las demás cosas vendrán después». Nunca busqué la fama, aunque había una necesidad de aprobación en mi vida, pero siempre de mi gente. Me preocupaba mi mamá y mi papá, quería ser un orgullo para sus vidas. Pero Dios me ha dado muchísimo más. Cuando empezaron los años de crecimiento del ministerio, en especial estos últimos, mi vida también comenzó a crecer.

Hace algunos años viajo con mi banda a todos lados, y en primer lugar entiendo que esto no se trata de Funky, yo simplemente soy el que canta, el resto del grupo es tan importante como yo, y no solamente porque son súper talentosos, sino porque hacen las cosas con la misma pasión y el mismo amor que yo.

Cuando vamos a un evento como invitados y ponen a mi banda en un hotel diferente que el mío, yo me voy con ellos. Lo mismo ocurre con los restaurantes o cuando nos van a buscar al a aeropuerto. Es importante entender lo que somos, nuestra profesión. Tú eres lo que Dios dijo, no lo que dice la gente. Dios dice que eres la niña de sus ojos, y en eso te debes enfocar.

No mires lo que fuiste, a Dios una vez que te perdonó ya no le importa. Mira qué harás con tu vida… De ahora en adelante.

«Lo que hago no me hace valioso, pero porque sé lo valioso que soy para Dios es que hago lo que hago para él».

anexos

FJNKY DE AHORA EN ADELANTE

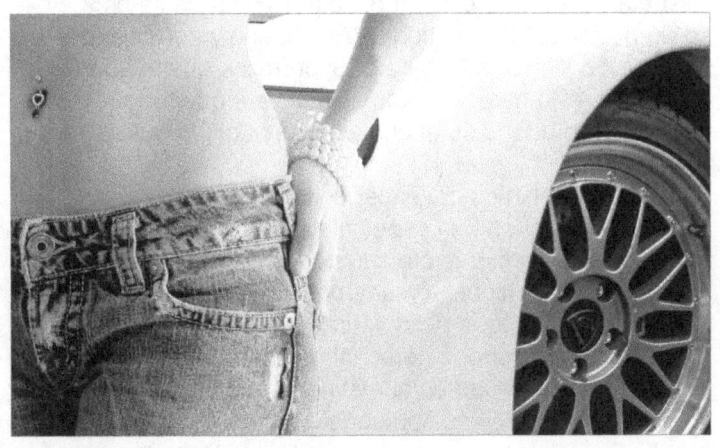

¿Qué está pasando?

ella quiere que la miren

Me gusta · Comentar · Compartir

*«Ella quiere que la miren».
«Ella se mira en el espejo,
se maquilla, como cree que debe hacer.
Se prepara su escote y su ropa corta
para que puedan ver su piel.
Ella quiere mostrarle a todo el mundo
sus atributos de mujer
Porque ella entiende que es bella como una estrella
y eso es lo que quiere ser».*

Una de las cosas que más me preocupa acerca de las redes sociales, es que la gente entienda cuán efectivo es, pero la importancia de ser sabio para usarlo, especialmente cuando hablamos de las muchachas. A todas las mujeres les gusta ser respetadas, valoradas, pero se olvidan que ese respeto comienza por ellas mismas.

Les he enseñado a mis hijas que tiene que aprender a respetarse, porque el hombre va a avanzar hasta donde ella le dé permiso. Si sales con un muchacho y permites que el te tome de la mano, él lo hará. Si permites que te agarre de la cintura, él lo hará. Lo malo es malo aunque todo el mundo lo haga, y lo bueno es bueno aunque nadie lo quiera hacer.

Cuando hablamos del Facebook y del Twitter, el cuidado debemos tenerlo en especial en el tipo de fotos que se cuelgan. Si subes una foto a tu perfil donde tienes en un traje de baño diminuto, en una pose provocativa, y además agregas un texto que dice: «Mírame, esta soy yo». Cuando esa persona te conoce personalmente, quiere ver eso que le enseñaste. La verdad es que el hombre piensa y se guía por lo que ve, y por eso se confunde de intensiones.

El coro de mi canción dice:

//Pues ella quiere que la miren y que la miren.
Quiere llamar la atención.
Que el combo (Los Muchachos) se de vuelta
cuando ella camine
Quiere ser el centro de atracción//

Muchas de esas fotos son de ellas mismas vistas de atrás, pero el propósito real de «Face - book» es que sean fotos de «rostro» no de nuestro... ☺. Es por eso que mi consejo para todas las mujeres que lean este libro y tienen Facebook, es que sean cuidadosas con las fotografías que publican.

Leí una frase de Max Lucado que me encantó. Esta decía: «El corazón de una mujer debe estar tan profundamente escondido en Dios que el hombre que quiera alcanzarla a ella primero tiene que buscarlo a él».

Esa debe ser la actitud de una mujer, de una jovencita. Si quieres que el príncipe azul te saque del castillo, pues escóndete en Dios. Permite que primero lo busque a él. Si entiendes el valor que tienes para Dios, valorarás tu vida. Es por eso que la Palabra dice: «Sobre toda cosa guardada, guarda el corazón». Es necesario entender que la belleza no está solamente en el exterior, sino que está dentro de ti. Hoy día las muchachas están viviendo una obsesión, la de parecer una muñequita. Estos ejemplos son muy marcados en diferentes países de Latinoamérica. Las muchachas hacen todo lo posible por aumentar su busto, reducir su barriga, y tantas otras cosas. No me mal interpretes... no estoy diciendo que no es bueno verse bien, pero me preocupa la obsesión por verse bien.

Dios hizo a cada criatura distinta, no todos nos vamos a parecer... Aprendí del libro «Una vida con propósito», de Rick Warren, que si Dios hubiese querido que todos nos pareciéramos hubiera sido aburrido, era como ir a comprar helado (Por ejemplo, ir a «Cold Stone», el lugar favorito de mi hija Karla), y que solamente hubiera un solo sabor. Cuando intentas parecerte a otra persona, pierdes tu identidad que es lo único y original que Dios te dio.

La canción continúa diciendo:

«Ella se viste exótica, quiere que le den óptica.
Vive en el mundo de la vida plástica
Le gusta mucho la onda lunática.
Casi no come, parece anoréxica.
Se quiere ver como actriz de película.
Como las de las revistas de farándula.
Ella dice que taparse es cosa ridícula
porque la vanidad es su brújula.
Ella se tira a la calle con su tumbao (caminar)
Provocando a los hombre que le pasan por el lao.
¡Caperucita! Ten mucho cuidao,
Que los lobos andan disfrazao».

Y después agrega:

«Ella le gusta el jangueo (pasar tiempo) en la disco.
Que los hombres la miren y se queden viscos.
Después le vienen con la labia monga
(gracia para hablar)

Apostando quien se queda con la "mami songa"
(La más linda)
Están planeando tener un encuentro sin importarles qué tienen por dentro.
Así la usan sin remordimiento.
No piensan en sus sentimientos.

Le digo que hay un Hombre que la ama.
Que cada noche la ve llorando en su cama.
El que siempre la ha tratado como una dama.
Que no le importa su pasado y nunca le reclama.
Pero ella dice que no le interesa mueve la cabeza
Enciende un cigarro y se para de la mesa.
Ha rechazado al que la ve con grandeza
y como princesa.

Al pasar los años hoy todo ha cambiado
y es que la edad ahora se le vino encima.
Su rostro demuestra que el tiempo ha pasado
Pues no provoca lo mismo cuando camina.
Todo el mundo piensa que ella aun desea que le den un poco de atención.
Pero lo que busca es que la gente vea
Lo que tiene en su corazón».

Seguramente conoces a alguien a tu alrededor que no acepta el paso de los años, así como tampoco aceptó que el exterior no es todo, sino que lo importante es embellecer el interior.

Recuerdo a mi madre cuando yo era chiquito, ella era hermosa para mí, pero ya no se ve igual hoy, ha envejecido, pero yo la sigo viendo igual de preciosa, porque ella me enseñó a mirar su corazón.

¿Qué está pasando?

¿por qué el reggaetón?

Me gusta · Comentar · Compartir

Qué difícil ser todo el tiempo nosotros mismos, sin caretas, sin apariencias de lo que en verdad no somos. Estamos rodeados de estereotipos que pretender influenciarnos, pero debemos ser personas genuinas sin imitar a otros, sino solo a Cristo. Tener éxito siendo alguien que no eres, es realmente un gran fracaso.

Siempre habrá quienes dicen: «Aquel hizo esto, entonces yo voy a hacer igual». No todos somos iguales. Por ejemplo, en el género del reggaetón, no todos los raperos dicen las palabras incorrectamente, ni tampoco todos usan gorra ni pañuelos en la cabeza… hay diversidad. El problema es cuando piensas así de todo en la vida, formas prejuicios y estereotipos que no te ayudarán en tu vida.

Por ejemplo, en los Estados Unidos por muchos años se ha formado un estereotipo de la raza negra que ha hecho mucho daño a toda la nación. Todo el mundo tenía prejuicios acerca de ellos, y es muy malo juzgar a las personas por una raza. Lo mismo ocurre con los raperos o reggaetoneros, nos juzgan por un estilo o gusto musical.

Es verdad que hay veces que no se entiende lo que dicen, porque hay varios géneros. Este estilo nació en Puerto Rico, un pueblo con un lenguaje muy personal. Cuando hice mi primera producción, no pensé en que iba a llegar a otros países, así que usé mucho ese tipo de lenguaje, pero cuando sabes que te van a escuchar en otros países, empiezas a ajustar, a mejorar tu vocabulario, a usar palabras que todo el mundo pueda entender. Hay muchos a quienes no les gusta, no solo musicalmente sino también las letras. Cuando comprendí de cuántas nacionalidades escuchaban mi música quise que todos entendieran lo que quería transmitirles en mis letras, entonces le propuse al productor de nuestra música poner en la carátula del disco un «Funky diccionario» para explicar el significado de muchas palabras que usaba en mis canciones.

Personalmente elegí este género porque me gustó desde que lo escuché. A través de estas canciones tengo la oportunidad de decir muchas cosas en solamente cuatro minutos. También creo que los jóvenes se identifican por la forma en que se escribe. Elegí este género antes de ser cristiano, pero decidí continuar haciéndolo cuando me convertí porque pensé que me permitiría llevar el mensaje, no solamente de "Cristo te ama", sino presentarles victorias y situaciones reales de la vida, mensajes sociales y temas de concientización como el del aborto.

¿Qué está pasando?

la decisión de tatuarte

Me gusta · Comentar · Compartir

Cuando mi hijo mayor nació, a mis 16 años, decidí tatuarme un muñequito «Bam Bam», de los Picapiedras en mi espalda. Mi hijo Luis era mi «Bam Bam». Él sabe de mi tatuaje, sin embargo, me arrepiento de habérmelo hecho. Para ese entonces yo ya no vivía en la casa de mi madre. Aunque hoy soy una persona adulta, mi madre nunca vio mi tatuaje. Durante todos estos años he guardado el secreto por respeto a ella porque sé que no le gustan. Creo profundamente en honrar a nuestros padres y sé que si a ellos no les gusta que me tatúe, debo respetar este principio y honrarlos.

No juzgo a quien lo tiene, sé que es una decisión muy personal. En los Estados Unidos es bastante común hacerlos. He visto, y yo mismo lo experimenté, un gran porcentaje de personas que se arrepintieron por hacerlo, ya sea porque no le gustó cómo le quedó o porque se grabaron el nombre de alguien que ya no forma parte de sus vidas. Es por eso que creo que es una decisión que debe ser bien analizada antes de tomarla, ya que lo que estás haciendo es para toda la vida.

Estas son algunas preguntas que puedes hacerte antes de tomar esta decisión:
– ¿Cuál es la motivación del tatuaje?
– ¿Por qué lo estoy haciendo?
– ¿Es por rebeldía o por compromiso?
– ¿Es por moda, por seguir la corriente a mis amigos?».

Yo me arrepentí porque no me gustó como quedó el dibujo. Hoy soy un hombre grande con un dibujo de niño. Aunque muchos han tomado textos bíblicos para hablar acerca de los tatuajes, creo que es un tema cultural.

Me gusta · Comentar · Compartir

Algo parecido pasa con los «Body Piercings» (aretes). Es algo muy común en Puerto Rico y Estados Unidos. Yo mismo, me confieso, tengo aretes en mis orejas aunque no los uso para cantar ni para ministrar, ¿Por qué? Pues primero no quiero distraer la atención de la gente que no le gusta, y segundo no quiero hacer pecar a nadie por criticarme. ☺ Algo parecido dijo el apóstol Pablo de la comida (1 Corintios 8:13).

En una ocasión mis hijos me pidieron ponerse también unos aretes pero les sugerí que esperaran a cumplir 18 años (eso fue lo que yo hice), y si todavía tenían deseos de hacerlo, que lo hicieran. Mis dos hijos mayores de 18 años, ya se los hicieron, ellos siguen siendo igual de especiales para mí y sé que para Dios también. Por mi parte no tengo ningún prejuicio al respecto.

Un ejemplo de porqué no debemos juzgar por la apariencia es ver a un hombre como Al Capone, quien siempre vestía muy elegante con corbata, pantalón y traje, sin embargo era uno de los mafiosos más grandes en la historia. Por otro lado, Tommy Kyllonen alias «Urban D» viste de jeans, usa ropa grande, con una gorra al revés, sin embargo es un tremendo Pastor en la Iglesia Crossover de Tampa, Florida.

Si juzgamos por la foto, hoy día pensarían que el mafioso es el de los jeans, y el de la corbata es el Pastor. ¿No creen?

A lo largo de estos años, he viajado tanto y visitado tantos países y en cada uno de ellos hay costumbres distintas, no malas, no buenas, sino distintas.

mi familia

FUNKY DE AHORA EN ADELANTE

¿Qué está pasando?

mi hijo luis

Me gusta · Comentar · Compartir

Mi hijo mayor Luis es el más que se parece a mí, quizás no tanto físicamente, pero al verlo a él, me veo a mí mismo a esa edad. Suelen decir que los hijos varones son de la madre, y las nenas del padre, y en este caso también es así. A veces me dan celos ver qué pegado es a su mamá. Si va a llegar tarde a casa no me llama a mí, llama a Wanda.

Siempre que puedo le pido que me perdone por mis errores. Luis fue nuestro primer hijo y con él cometí más equivocaciones que con los demás. Supongo que eso les ocurre a todos los padres. Recuerdo que yo tenía 17 años cuando me tocaba cuidarlo todos los sábados porque Wanda ayudaba a mi mamá en su negocio para ganarse un dinero extra, entonces cuando llegaba de mi trabajo como a las 4 o 5 de la mañana, Wanda se iba a trabajar y me los dejaba a cargo. Entonces, al acostarme, me quedaba dormido, y como en tres ocasiones se me cayó de la cama. ☺

Me gusta · Comentar · Compartir

Luis es muy especial, aprendo mucho de él. Me encanta lo pacifico de su carácter. Desde pequeño no le gusta que haya peleas ni llanto. Cuando nació su hermanita Karla, él tenía 3 años, se paraba frente a su cuna y le decía: «No llores, no llores». Él siempre ha sido así. Ahora, aun de grande, si su hermano tiene una situación difícil, triste, llora con su hermano. Es muy sentimental, tiene un corazón noble, un corazón de pastor.

Luisito, te quiero más de lo que imaginas. Cuando me paro frente a ti, y miro para arriba, no lo hago solo porque eres más alto que yo, sino porque te admiro. Tú has sido mucho más sabio que yo cuando tenía tu edad. Sé que probablemente cometerás tus errores en el futuro, todos lo cometemos, pero por ahora me estás ganando. ☺ Tú fuiste quien me unió a mamá y por eso eres el ser más especial del mundo para mí.

¡Te amo hijo!

Me gusta · Comentar · Compartir

Me gusta · Comentar · Compartir

FUNKY DE AHORA EN ADELANTE

¿Qué está pasando?

mi hijo jorge

Me gusta · Comentar · Compartir

A Jorge lo llamo «El defensor del universo» eres mi «Iron Man», él quiere ser un Súper Héroe y defender a todos. Es fuerte de carácter, pero al mismo tiempo extremadamente cariñoso. Aunque ya es un muchacho grande, me besa, me abraza, habla mucho, se comunica. Con Jorge tenemos una relación muy abierta.

Un pastor una vez me enseñó que debemos tener más cuidado con los hijos del medio porque siempre son los que piden más atención. No son el primero ni el último.

Jorge se parece a su mamá en muchas cosas. Creo que sacó su carácter. Le encanta hablar por teléfono y enviar mensajes de texto. ¡Dios mío querido! Es muy cariñoso y expresivo.

Jorge, sé que sabes por qué soy como soy contigo. Es que he tenido experiencias quizás «diferentes» a las de tus

Me gusta · Comentar · Compartir

hermanos y aprendo mucho junto a ti. Eres mi camarógrafo, asistente, barbero, modisto... Valoro mucho tu confianza. Quiero que sepas que alegras mi vida y la de mamá (aunque a veces haces que te grite mucho por tus ocurrencias ☺). Eres puro corazón, nuestro corazón.

¡Te amo!

FUNKY DE AHORA EN ADELANTE

¿Qué está pasando?

mi hijo edwin

Me gusta · Comentar · Compartir

Edwin nunca deja de sorprenderme. Es brillante e inteligente. Me ha dicho que quiere estudiar medicina y nosotros, como familia, lo vamos a acompañar en su decisión.

A pesar de todas las adversidades que vivió, siempre fue estable. Se ha mantenido recto, estudioso, centrado. Al mirarlo veo en él muchas cosas mías. Aunque no ha vivido todo el tiempo conmigo, tiene actitudes, forma de hablar, palabras que usa iguales a mí. También se parece mucho a su hermano Jorge, ya que siempre pelean con sus hermanas mujeres. Pero se aman.

Siempre le agradezco que sea cariñoso conmigo, lo valoro mucho. Pudo haberme reclamado tantas cosas, sin embargo en silencio me abraza y me demuestra su cariño. Eso para mí es muy valioso, porque aunque sé que me equivoqué, tuve una nueva oportunidad con él, gracias a Dios. Edwin

Me gusta · Comentar · Compartir

sabe que puede contar conmigo, que estoy con él para lo que sea.

Para mí, ninguno de mis hijos tiene preferencia. Y aunque Edwin no viva la mayoría del tiempo conmigo, tiene los mismos derechos que sus hermanos, porque ninguno de mis cinco hijos es mejor que alguno de los otros.

Mi querido Edwin estoy orgulloso de ti. Te agradezco que me hayas dado la oportunidad de ser un padre cercano a tu corazón aunque a distancia. Cada momento que paso contigo lo valoro como nada en el mundo. Siempre te estás riendo conmigo o de mí ☺. ¿No sé? Sé que serás un Gran Doctor.

¡Te amo!

FUNKY DE AHORA EN ADELANTE

¿Qué está pasando?

mi hija karla

Me gusta · Comentar · Compartir

El nacimiento de mi hija Karla fue determinante para mi decisión de cambio. Dios la usó desde chiquita para ayudarme a ver la vida desde otro lugar. Entendí porqué tengo que respetar y querer a la mujer.

Ella fue mi primera niña. Después de tres hermosos hijos varones, le pedía a Dios que me diera el regalo de una hija. Cuando Wanda quedo embarazada pedí por favor no saber el sexo del bebé. Cuando comenzaron a darle los dolores de parto, el hospital donde Wanda daría a luz estaba como a 30 minutos de nuestra casa. Mientras la ambulancia llevaba, yo la seguía con mi pequeño carrito viejo. Al llegar, la bajaron rápidamente de la ambulancia y mientras estacionaba nació la bebé. Justo llegué cuando la enfermera estaba saliendo con ella en brazos, me acerqué y le pregunté: «¿Es niña o varón?». Cuando supe que era una niña, de la alegría le di un beso a la enfermera y a todos los que estaban allí esperando en la sala. Fue un día muy feliz.

Me gusta · Comentar · Compartir

Ella se parece mucho a Edwin. Es muy inteligente y dedicada en los estudios. Le gusta buscar e investigar. Dice que va a ser una investigadora científica.

Es una mujer de carácter fuerte y muy cariñosa. Se preocupa mucho por los demás y no tiene miedo de decir lo que piensa. Siempre está muy cerca de su mamá, pero lo hace también para darme celos. Por ejemplo, por las noches, cuando se va a dormir, le da un beso a su mamá y después me da otro a mí, pero inmediatamente vuelve a darle otro a su madre porque el último beso tiene que ser de ella. ☹

Karla, When I See Your Face, there's not a thing that I would change cause Girl You are Amazing Just the Way You Are! Me has hecho sentir muy orgulloso, me has honrado y te lo agradezco con el corazón. Eres una jovencita hermosa a quien prometí cuidar y proteger siempre. ¡Espero que el que llegue algún día te sepa valorar como lo hago yo!

¡Te amo!

FUNKY DE AHORA EN ADELANTE

¿Qué está pasando?

mi hija dariana

Me gusta · Comentar · Compartir

¡Mi chiquita! Es la integrante más pequeña del «2 Plus 5 Team». Pequeña en tamaño, pero por la voz que tiene se escucha de Puerto Rico a Orlando. ☺ Hay tantas cosas que quisiera que ella escuchara y supiera. Nunca dejo de decirle que la amo.

Cometí muchos errores en la vida, y me arrepiento con todo mi corazón de haberlo hecho como lo hice, pero nada de esto quita lo que siento por ella. Dariana es muy valiosa para mí.

Es una jovencita que siempre pone en su status de Facebook que está aburrida, sus amigos los saben y siempre bromean con ella por eso. Le encanta reírse, ese

Me gusta · Comentar · Compartir

es su hobbie. Al igual que su hermano Jorge, siempre está pendiente del teléfono. Disfruta mucho el tiempo que pasa con sus hermanos. Me encanta verla disfrutándolos. Imagino que se siente protegida por ellos, son varones y mayores.

Tenemos esos momentos en los que nos abrazamos, y nos disfrutamos uno al otro. Es una eterna bebé, no importa la edad que tengan, ella y Karla siempre serán mis "bebes". Es fuerte y no es rencorosa. Le encantaría ser cosmetóloga como su abuela y su tía, porque es muy coqueta. Cuando está junto con su hermana Karla, ambas se miran al espejo, se maquillan y se divierten mucho. Son inseparables amigas.

Dariana eres mi última hija, pero por el orden de llegada solamente, pues en mi corazón estás en el mismo lugar que todos tus hermanos. Tú también debes recordar que aunque quizás no estabas en nuestros planes, si estabas en los planes de Dios. Tu llegada fue algo que Dios usó muchísimo para que yo sea el hombre que soy hoy en día. Sé que Wanda siente lo mismo que yo. Te quiero y me quedo corto. Eres mi pequeña, siempre tendrás mi amor y mi corazón.

¡Te amo!

el familión

santa funky

Me gusta · Comentar · Compartir

Me gusta · Comentar · Compartir

FUNKY DE AHORA EN ADELANTE

¿Qué está pasando?

wanda mi amor

Me gusta · Comentar · Compartir

A veces me río con Wanda porque le digo: «Te vas a cansar de mí». Siempre quiero estar con ella. La necesito siempre cerca. Me gusta pasar tiempo juntos. Al casarnos tan jóvenes, nunca teníamos oportunidad para estar solos, siempre estaban los nenes alrededor. Ahora que ellos están más grandes, podemos dejarlos y salir solos.

Después de tantas situaciones vividas hoy tenemos una relación maravillosa. Me enseñó tantas cosas... Como por ejemplo a no irme de la casa sin darle un beso.

De acá a unos años me imagino junto a ella como dos viejitos que se aman y que caminan de la mano.

Le reconozco y agradezco tantas cosas. Lo primero es el perdón. El haberme dado una oportunidad de regresar con ella y de ser un padre, no solamente de los hijos que tuve con ella sino de mis hijos en Puerto Rico. He aprendido a escuchar su voz sabia. Ella tiene un sentido especial, y me sorprende tanto cuánto ha madurado en todas las áreas.

Hoy Wanda es una mujer de negocios, muy trabajadora. Todo el ministerio está en sus manos, ella lo maneja. Se ha sabido ganar el respeto de la gente por sus actitudes.

Siempre fue una mamá excelente, una súper mamá. Ella maneja muchas cosas sin descuidar ninguna. Aprecio mucho quién ella es y el valor que tiene para mi vida.

Ha sido un camino muy difícil, ha habido muchos momentos de escasez, y ella seguía ahí, creyendo y que si Dios me llamó a esto, él está en control.

Mi amada Wanda, ¡TE AMO! Y no te digo más nada porque te lo quiero decir en privado. ☺ Muah!!!!

wanda y los 5 chicos

Me gusta · Comentar · Compartir

Me gusta · Comentar · Compartir

FUNKY DE AHORA EN ADELANTE

¿Qué está pasando?

mis padres

Me gusta · Comentar · Compartir

Mi mamá Myriam Cosme, y mi papá Carlos Ríos, siguen en Puerto Rico. Yo sigo esperando en el Señor que por fin se muden a Orlando. Son dos personas a quienes amo con todo mi corazón. Siempre viviré agradecido a papi por tomar el rol de padre en mi vida. Él no es perfecto, pero es lo perfecto lo que necesitaba en mi vida. Mami sigue siendo mi mejor ejemplo, siempre ha sido una mujer luchadora y trabajadora.

con mi papá y mis hermanos mayores

Me gusta · Comentar · Compartir

A mi papá Raúl Marrero y su esposa Lynn. Mis tiempos en su hogar fueron de mucho aprendizaje. Aunque en ese momento no lo supe valorar, hoy sé que hicieron el mejor esfuerzo posible para hacerme sentir querido. No creo que el problema fue que no funcionó, era simplemente la estrategia de Dios.

FUNKY DE AHORA EN ADELANTE

¿Qué está pasando?

mis hermanos

Me gusta · Comentar · Compartir

Mi hermano Edwin, hoy día se encuentra en prisión y hace poco me dio una noticia que me ha llenado de felicidad, acepto a Jesús como su Salvador. Yo sé que va a ver esto pues le gusta leer. Broky (como tú me dices): «Quiero que sepas que eres un ser especial. Nada de lo que escribí en este libro lo hice con intención de ofender ni avergonzarte, Dios tenía todo planeado. Tú sabes cuánto te amo».

Mariam ya no me hace tantas maldades y tampoco me pega como antes. ☺ ¡Gracias Dios! Es una mujer exitosa a quien amo profundamente.

José Raúl también es músico, fue quien primero me dio la oportunidad de grabar. Es el director de un muy conocido grupo de Música Navideña en Puerto Rico, «Los Cantores de Bayamón». Sus consejos son un tesoro para mí. Hace ya unos años que también sirve al Señor y se congrega en la misma iglesia que yo, junto a su esposa Myriam y mis hermosos, pero ya grandotes, sobrinos.

Tengo otros hermanos hermosos, que aunque no los mencioné en el libro igual son muy especiales para mí. Mi hermana Mary, la mayor, vive en Morovis, Puerto Rico, y últimamente he tenido unos tiempos muy especiales con ella. Lo mismo con los más pequeños, Gabriel y Leonel, ambos viven en Orlando, Florida.

con mi tía, primo, mamá y mariam

con mi papá a los 5 meses

con mi tío, primo y hermana

Me gusta · Comentar · Compartir

mi primera vez con corbata

mariam (mi hermana) y yo

wanda, mariam, mamá miriam y papá caco

mariam y su esposo

con mi hermano edwin

mi brother edwin

Me gusta · Comentar · Compartir

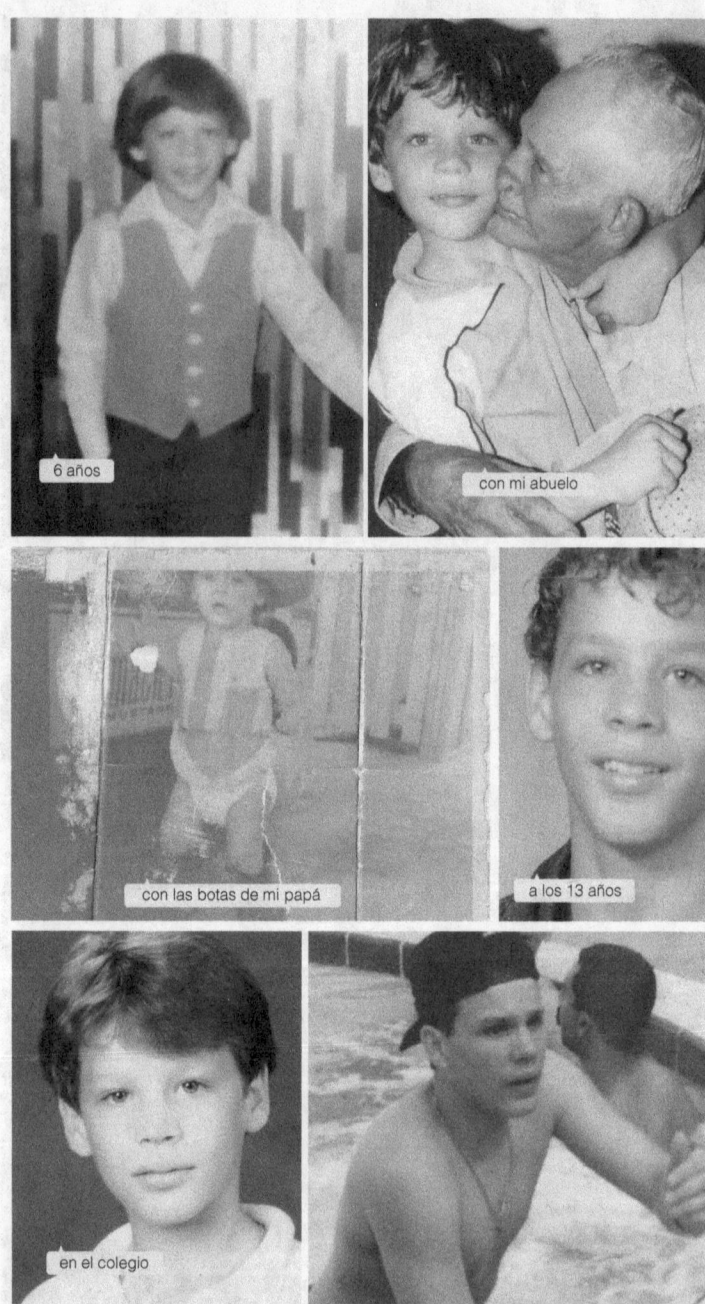

FUNKY DE AHORA EN ADELANTE

¿Qué está pasando?

si eres como yo... a luis de 16 años

Me gusta · Comentar · Compartir

Al recorrer mi vida me recordé nuevamente a la edad de 16 años. Ese jovencito movedizo y rebelde a quien la vida la pasa aceleradamente. Pienso en mí y quizás te esté hablando a ti que me pides un consejo. Tal vez estás en metido en un montón de líos y no sabes para donde ir.

A ti, a ese Luis que hay dentro de ti, le diría que... los sueños se cumplen y que todo llega en el momento indicado. Algunos dicen: «No por mucho madrugar amaneces más temprano», pero sí amanece. No te adelantes, porque lo que Dios ya tiene para ti, lo tiene reservado y es tuyo. Nadie te lo va a quitar. Entonces... ¿Para qué tratar de hacerlo antes?

Hay un propósito para tu vida. No todo el mundo estará de acuerdo con lo que hagas ni con lo que digas... siempre va a haber alguien que piense diferente, entonces ¿para qué continuar esforzándose tratando de agradar a todo el mundo? Es imposible. Con el pasar de los años te darás cuenta que por más que te esfuerces nunca lo conseguirás, y de seguro sufrirás mucho. Invierte tu tiempo en cosas más fructíferas y no te adelantes a tomar decisiones.

También te digo que no tengas miedo a decir «No» ni a enfrentar los problemas con valentía. Nunca tuve miedo a marcar la diferencia por Cristo, ni a romper estructuras que atan y no permiten vivir en libertad. Eso mismo quiero para ti.

Soy un luchador, no me canso ni me rindo. Busco y aprendo. También he aprendido a no depender de otras personas para alcanzar las cosas que quiero porque nadie va a amar mis sueños como los amo yo. Nadie los va a cuidar como yo. Eso aprendí y quisiera que tú también lo aprendas.

De ahora en adelante… quisiera estar un poquito más en mi matrimonio, disfrutar con mi esposa y disfrutar los años que vienen por delante al máximo y sacarles el mejor provecho.

De ahora en adelante… una cosa hago, sigo caminando. Sé que todavía hay mucho por alcanzar, me gustaría poder ser un mejor comunicador cada día, no solamente a través de la música.

De ahora en adelante… Hay una vida por vivir y Cristo me dio esa oportunidad.

De ahora en adelante… ¿Qué harás tú?

Si quieres escribirnos y dejarnos tus comentarios y testimonios puedes hacerlo a:

funky.daea@gmail.com
http://www.facebook.com/YoSoyFunky
www.twitter.com/funkyPR

Me gusta · Comentar · Compartir

El código de la pureza

EL PLAN DE DIOS PARA DISFRUTAR TU SEXUALIDAD

El rockero y la modelo
QUE LLEGARON VÍRGENES AL MATRIMONIO

Cómo encontrar el amor de tu vida

Los secretos de un noviazgo exitoso

101 PREGUNTAS DIFÍCILES
y 101 RESPUESTAS DIRECTAS

El PREGUNTAS DIFÍCILES
101
RESPUESTAS DIRECTAS

Editorial Vida

LUCASLEYS

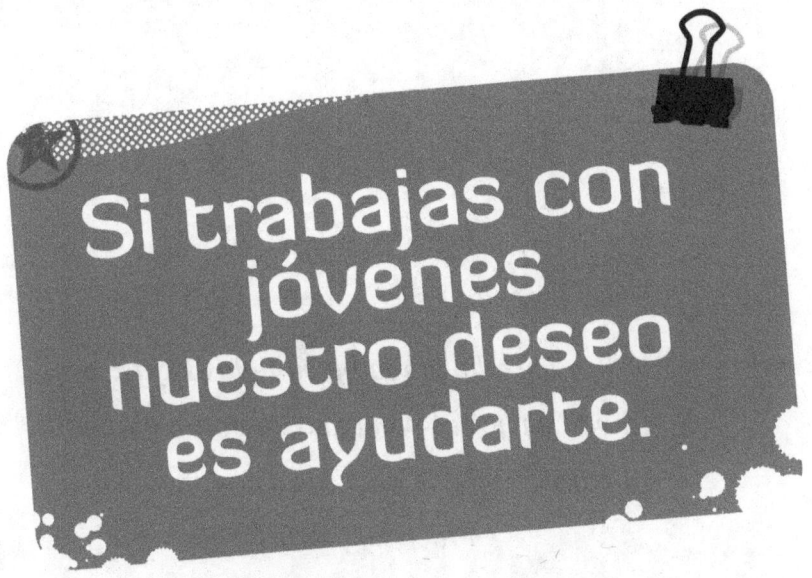

Si trabajas con jóvenes nuestro deseo es ayudarte.

Especialidades Juveniles.com

Un montón de recursos para tu ministerio juvenil
info@especialidadesjuveniles.com

Visítanos en:
www.especialidadesjuveniles.com

 www.facebook.com/EspecialidadesJuveniles

twitter twitter.com/EJNOTICIAS

 www.youtube.com/user/videosej

Nos agradaría recibir noticias suyas.
Por favor, envíe sus comentarios sobre este libro
a la dirección que aparece a continuación.
Muchas gracias.

Vida@zondervan.com
www.editorialvida.com

www.ingramcontent.com/pod-product-compliance
Lightning Source LLC
LaVergne TN
LVHW031629070426
835507LV00024B/3403